Inhalt

Aha So geht es leichter

Suche die Bilder im Buch und
die Wörter in der Überschrift.
Schreibe den gesuchten Buchstaben auf.

Tipp: Es entsteht ein Satz mit drei Wörtern.
Schreibe den ersten Buchstaben groß.

2. Wort,
4. Buchstabe
2. Wort,
2. Buchstabe
7
8
Letzter
Buchstabe
4. Buchstabe
9
10
Aha
6. Wort,
letzter Buchstabe
11

Paul Klee: Villa R, 1919

Rätselgedicht

Was mag das wohl sein?
Du sollst es erraten:
Das Ding steckt in Früchten,
doch nie in Tomaten,
steckt niemals im Bein,
es steckt in den Armen,
ist nie in der Kälte
und immer im Warmen.
Es steckt nicht im Kopf
und ist doch in der Stirne,
steckt niemals im Obst,
doch ist's in der Birne.
Es ist in Hannover,
in Köln aber nicht.
Man findet's in Rätseln,
doch nie im Gedicht.

Paul Maar

Was macht das ABC im Urlaub?

Das A fährt mit seinem alten Auto
ganz allein in die Alpen.

Das B bummelt begeistert
in Badelatschen durch Berlin.

Das C campt
mit Cola und Chips in China.

Das D düst mit der Dampflok
durch Dänemark.

Maria Seidemann

Und was machen
die anderen Buchstaben
im Urlaub?

Seite 192

Paul Maar

Kleiner Unsinn

Wernichtrichtiglesenkann
fangnochmalvonvornean
dennichschreibehierdieworte
andersalsmanseuchgelehrt
zwarnichtunbedingtverkehrt
sonderneinfachaneinander
dassmansienichtgleicherkennt
auchwennihrdasunsinnnennt
docheinkleinerunsinnmacht
dassmangerndarüberlacht

Gottfried Herold

Das kann ich

Ich kann
Wortgrenzen erkennen.

Augenhüpfer

Wörterhabeneinenanfangundeinende.
ManCHE wörteR SCHreibT
maN AM anFanG Groß.
Zw ische nd enwör ter ng ib te sabst än de.
„Auch!“ Satz-zeichen: hel fen – beim? Lesen,
Gibn ich tauf!
Üb ungm acht denmei ster.
Esi stnochk ein meis terv omhim melgef all en.
Oh Nefl eißk Ei np Reis!
d UH A SteS Gesch Aff t?!!

Winfried Ulrich

Sonderbarer EinkaufsZL

Emma freut sich aufs Einkaufen.
Wegen des Einkaufszettels!
Auf den schreibt Mutter
nämlich meistens etwas Lustiges
oder Unsinniges für Emma.

„Na, was soll's denn heute sein?",
fragt die Verkäuferin.
Emma liest den Einkaufszettel:

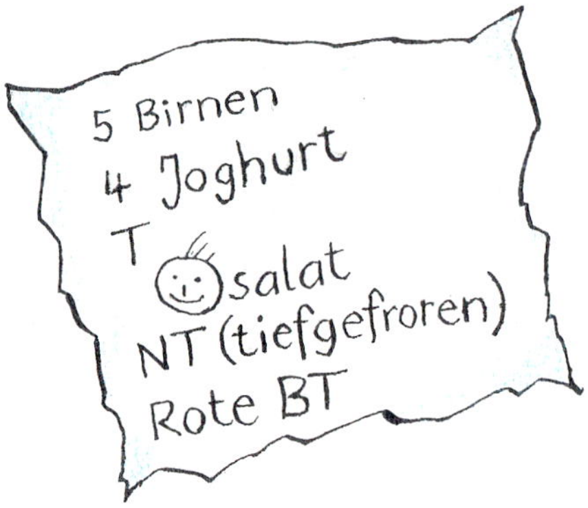

Was meint meine Mutter mit den komischen Buchstaben?
Was die nur bedeuten könnten?
Emma kneift die Augen zusammen.
„T ..., T ..., T ...! Natürlich, jetzt weiß ich's: Tee!
Und NT? Also NT ...! Ente, tiefgefroren! Ja, das ist es!"
Emma muss lachen.

Hans Gärtner

Es steckt im See

Es steckt im See,
im Tee,
im Schnee,
im Kaffee,
im Eis,
im Schweiß,
auch im Bade.
Rate!

Wolfgang Buschmann

Verlustanzeige

irgendwoo
habe
ich
etwas
verl▪ren

Hardy Scharf

Graue Ha▪re

D▪eses Gedi▪ht*
ist alt.
Es verliert s▪hon
▪uchstaben.
Aber es wi▪l nicht
in die Bibliothe▪
Auf gar kein▪▪ Fall.

Peter Jepsen

* Seite 194

Friedensreich Hundertwasser: Regenbogenhaus

Meine Traumschule

Meine Traumschule ist im Flugzeug.
Wenn ich etwas über andere Länder lese,
kann ich gleich hinfliegen.

Meine Traumschule?
Mir ist es gleich, wie bunt sie ist.
Hauptsache innen bunt!
Und außen noch bunter!

Meine Traumschule ist aus Glas.
Da kann ich alles draußen sehen:
Den Himmel, die Wolken, den Regenbogen.
Und meine Mama, wenn sie mir das bringt,
was ich vergessen habe.

Meine Traumschule
ist eine wunderbare Landschaft.
Ich kann neue Welten entdecken,
mich auf unbekannte Wege wagen.
Wie ein bunter Teppich
liegt sie vor mir.

Jonas geht in die Schule

Das ist Jonas  . Er geht gern in die  .

Nur heute läuft alles schief.

Als der  klingelt, steckt  seine 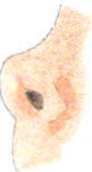

ins  und schläft weiter.

Da zieht Mama  ihm die  weg.

„Schnell! Sonst kommst du zu spät!“

Der  von der  klemmt.

Ein  vom  reißt ab.

Am  kippt der  mit  um.

Verflixt! Wo ist der  ? Ach, da hinter dem  .

 knallt die 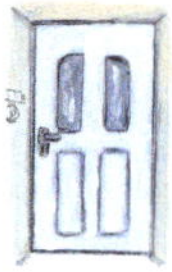 hinter sich zu. Er rutscht auf dem 

nach unten. Draußen am 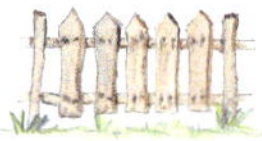 steht schon Anja  ,

seine Freundin. Wie gut, dass  gewartet hat!

Rosemarie Künzler-Behncke

Zuspätkommgeschichten

Lucie kommt fast jeden Tag zu spät in die Schule.
Aber sie kann nichts dafür. Kein bisschen.
Einmal hat die Polizei sie
mit einem Handtaschenräuber verwechselt,
einmal traf sie am Morgen das Brauseschwein
und musste unbedingt an ihm lecken,
einmal erzählte ihr
der in einen Spatz verwandelte Direktor,
dass die Schule heute ausfiele.
Und einmal fiel Lucie mit einem Spirandolo*
in eine Tintenfischpizza.

Es ist nie ihre Schuld, wenn sie zu spät kommt,
obwohl ihr das ihre Klassenlehrerin,
Frau Agathe Weißbrot, nicht glaubt.
Jeden Morgen,
irgendwann zwischen Ende der ersten
und Mitte der zweiten Stunde,
wenn Lucie an die Tür klopft
und schwer atmend in die Klasse stolpert,
sagt Frau Weißbrot:
„Na, kleines Fräulein,
was für ein Lügenmärchen
bekommen wir denn heute
als Ausrede zu hören?“

Robert Griesbeck

Das kann ich

Ich kann lange Wörter in Silben zerlegen.

* kleiner, schwarz-weiß gefleckter Hund

Lucie erfindet noch viele witzige und lustige Zuspätkommgeschichten. Die findest du alle in dem Buch **Schuld war nur das Brauseschwein.**

Schule beginnt

Es ist Herbst. Die Blätter tanzen im Wind
und Ida macht sich auf den Weg zur Schule.
Und sie macht schnelle Schritte, sie will pünktlich sein.
Sie weiß auch noch ganz genau, wo das Klassenzimmer ist.
Nur wo sie sitzt, weiß sie nicht.
Die Lehrerin hat immer noch rote Haare.
Sie schiebt Ida zu einem Tisch, an dem noch kein Kind sitzt.
Ida setzt sich auf einen der beiden leeren Stühle.
Die Kälte des Stuhls kriecht durch den Rock bis zu ihrem Po
und sie friert ein bisschen.

Ida hört plötzlich einen lauten Gong.
Der Unterricht beginnt! Heute ist ein schöner Tag, denkt Ida.
Der Platz neben ihr ist frei geblieben.
Frau Bender hat eine laute Stimme und erzählt nicht,
wie man Schokoladenkuchen macht, sondern von Regeln:
Wie man sich morgens begrüßt.
Dass man nur zu zweit aufs Klo gehen kann.
Wie man sich meldet.
Wie man Hausaufgaben erledigt.
Was man auf dem Pausenhof machen darf.
Wie man mit den anderen Kindern umgehen soll.
Dann klopft es an der Tür.
Wer ist das?
Ein Junge kommt rein.
Schwarz wie Kohle ist sein Haar.

Ich vergleiche die Regeln
mit den Regeln
in meinem Klassenzimmer.

Er sagt leise seinen Namen, als Frau Bender ihn danach fragt. „Faruk“, sagt er und dann entschuldigt er sich, denn er ist zu spät. Er hat den Weg nicht gleich gefunden.

Frau Bender setzt Faruk neben Ida. Dahin, wo viel besser ein anderes Mädchen hingepasst hätte und auf gar keinen Fall ein Junge. Ida will viel lieber neben einem Mädchen sitzen. Der Unterricht geht weiter. Es gibt immer noch mehr Regeln. Es ist verboten, aus dem Wasserhahn zu trinken. Bei Freiarbeit muss man still sein und darf nicht schwätzen. Als es wieder gongt, ist Schluss. Alle stehen auf und rennen raus und schreien dabei. Es ist ein Riesenlärm.

Antje Damm

Wie die Geschichte weitergeht, kannst du in dem Buch **Regenwurmtage** lesen. Dort erfährst du auch mehr über den lustigen Titel.

Willi lernt

Willi kommt von einem anderen Planeten. Willi lernt viele Dinge, aber langsamer. Keiner weiß, ob Willi einmal sprechen lernen wird oder lesen und schreiben. Das wäre toll, aber alle um ihn herum lieben ihn auch so, wie er ist.

Am schnellsten lernt Willi Dinge, die ihn interessieren. Die Gebärde für Fernsehen hat er sofort gelernt, aber das Zeichen für Anziehen oder Ausziehen scheint er seit Jahren nicht zu kennen.

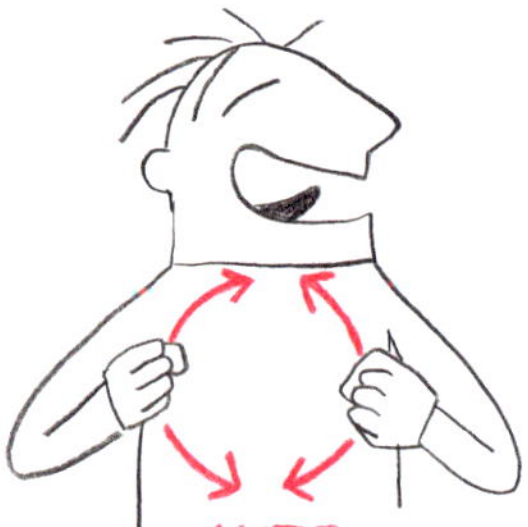

Eigentlich ist es blöd, dass wir versuchen, Willi beizubringen, alles so schnell zu machen wie in unserer Welt. Wir könnten ja auch mal versuchen, alles ganz in Ruhe und langsam zu tun wie auf seinem Planeten.

Willi liebt das Leben! Er ist sehr glücklich und macht viele andere Menschen glücklich.

Birte Müller

Im Bilderbuch **Planet Willi** erfährst du vieles über ein besonderes Kind: Willi ist ein Junge mit Downsyndrom*.

* sprich: [daunsyndrom]

Was weißt du über das Downsyndrom*?

Tom ist in Klasse 2a

Tom ist in Klasse 2a. Er ist klein, kleiner als alle.
Er kann alles: klettern, lesen, rennen.

Tom kann einen Eier-Trick

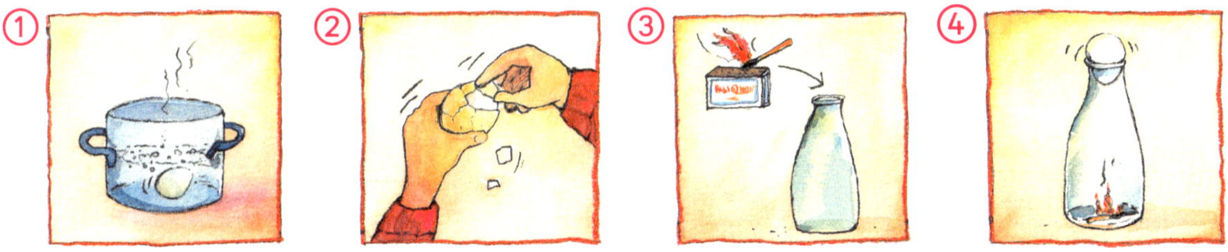

Er nimmt ein gekochtes Ei, schält es,
zündet ein Streichholz an und steckt es in eine Milchflasche.
Dann setzt er das Ei auf die Flasche.
Alle sind gespannt.
Was wird geschehen?

Achtung!
Ein Erwachsener sollte unbedingt dabei sein, wenn du den Trick selbst ausprobierst.

Deutsch ist schwer

Deutsch ist schwer.
Das kann ich beweisen,
bitte sehr!
Herr Maus heißt zum Beispiel Mäuserich,
Herr Ziege heißt Bock,
aber Herr Fliege nicht Flock.
Frau Hahn heißt Henne,
aber Frau Schwan nicht Schwenne.
Frau Pferd heißt Stute,
Frau Truthahn Pute,
und vom Schwein die Frau
heißt Sau.
Und die Kleinen sind Ferkel.
Ob ich mir das merkel?
Und Herr Kuh ist gar ein doppeltes Tier,
heißt Ochs oder Stier,
und alle zusammen sind Rinder.
Aber die Kinder
sind Kälber!
Na, bitte sehr,
sagt doch selber:
ist Deutsch nicht schwer?

Mira Lobe

Leichter wird es mit einem Lesepaten.

Schulwitze

Fragt die Lehrerin: „Was ist Wind?"
Mia meldet sich und glaubt die Antwort zu wissen.
„Das ist Luft, die es eilig hat".

„Wer kann mir sagen,
warum es in Norddeutschland
so viele Windmühlen gibt?"
fragt der Lehrer.
„Ich weiß es", ruft Max,
„damit die Kühe immer
frische Luft haben."

Auf dem Pausenhof kommt die kleine Paula
ganz aufgelöst zur Lehrerin.
„Der Robin hat mir gehauen", berichtet sie.
„Der Robin hat mich gehauen",
verbessert die Lehrerin.
„Was? Dir auch?"

Mareike und die Superkräfte

Mareike war in der Schule. In der Pause traf sie Louis, der so tat, als wäre sie Luft. Mareike wurde wütend. Sie spürte, dass sie Angst vor Louis hatte, aber sie wollte keine Angst haben.

Mareike erzählte Paul von der Louis-Bande. Paul überlegte. Er wollte Mareike helfen, wusste aber nicht wie, denn mit der Louis-Bande war nicht zu spaßen.

Mareike dachte an ihren Traum zurück. Vielleicht hatte ihr Supermann ja wirklich seine Superkräfte geschenkt. Vielleicht war es ja nicht nur ein Traum gewesen.

Die Pausenklingel schreckte sie aus ihren Gedanken. Plötzlich stand Louis neben ihr und flüsterte: „Hast du Geld besorgt? Du weißt, was sonst passiert."

Der Unterricht begann. Mareike tat so, als würde sie Herrn Bomgartz zuhören, aber in Wirklichkeit dachte sie nur an Louis.

Sie überlegte, ob sie einfach versuchen sollte, nach Hause zu fliegen, dann würde sie Louis gar nicht begegnen.

„Mit meinen Superkräften kann ich doch alles machen“, murmelte sie, beschloss dann aber, zu Fuß nach Hause zu gehen. Sie wollte keine Angst mehr haben.

Von Weitem sah sie die Louis-Bande schon auf der Mauer sitzen. Louis war der Erste, der einfach seine Hand ausstreckte. „Hast du das Geld?“, fragte er. „Hier kommt keiner vorbei, ohne zu zahlen.“ Mareike zog das Futter ihrer leeren Hosentaschen nach außen.

Erwin Grosche

Mareike steckt ganz schön in der Klemme. Wie es weitergeht, steht in dem Buch **Achtung, Wutüberfall!**.

Edouard Manet: Die Seifenblasen, 1867

Spiele-Abc

Ampelspiel

Blindekuh

Computerspiel

Es fliegt, es fliegt!

Fußball

Gummihüpfen

Indianer spielen

Jägerball

Kim-Spiel

Mensch ärgere dich nicht

Neckball

Obstsalat

Querlauf

Räuber und Gendarmen

Seifenblasen

Umkehrlauf

Verstecken

Was ist das?

Yagua´i

X

D L T

Z H P

Spiele für drinnen

Kim – ein Spiel aus Asien

Dieses Spiel spielen 4 bis 5 Kinder.
Ein Kind legt 20 verschiedene Gegenstände auf ein Tablett.
Das kann zum Beispiel eine Murmel, ein Stein oder eine Münze sein. Nun deckt dieses Kind die Gegenstände mit einem Tuch zu. Alle anderen Kinder schreiben auf einen Zettel die Gegenstände, die sie sich gemerkt haben.
Sieger ist, wer sich am meisten gemerkt hat.

Was ist das? – ein Spiel aus Europa

4 bis 5 Mitspieler sitzen im Kreis.
Nun beschreibt ein Spieler einen Gegenstand, ohne ihn zu nennen. Er kann zum Beispiel sagen:
„Du kannst Teller und Tassen darauf stellen.“
Die anderen Kinder versuchen zu erraten, welcher Gegenstand gemeint ist.
Wenn ihn niemand errät, erklärt das Kind weiter.
Zum Beispiel kann es sagen:
„Mein Gegenstand hat vier Beine.“
Sieger ist, wer den Gegenstand als Erstes erraten hat.

Spiele für draußen

Neckball – ein Spiel aus Südamerika

In Paraguay wird dieses Ballspiel *Yagua'i* genannt.
Das bedeutet *Hündchen im Stall.*
In Bayern nennt man es *Tratzball*.
Zwei Kinder werfen sich einen Ball zu.
Zwischen ihnen steht
ein drittes Kind, das den Ball
zu fangen versucht.
Hat es den Ball gefangen,
darf es werfen.
Das Kind, das ihm
den Ball zugeworfen hat,
ist nun der *Yagua'i*.

Das Ampelspiel – ein Spiel aus Afrika

Dieses Spiel können bis zu 20 Kinder spielen.
Ein Kind ist der Spielleiter. Es hat eine rote, eine grüne und
eine gelbe Scheibe aus Karton. Ihm gegenüber
stehen die anderen Kinder in einer Reihe. Hebt der Spielleiter
die grüne Scheibe hoch, gehen alle Kinder einen Schritt nach vorne.
Hebt er die gelbe Scheibe hoch,
bleiben alle Kinder stehen.
Hebt er die rote Scheibe hoch,
gehen alle Kinder einen Schritt zurück.
Wer das falsch macht, scheidet aus.

Das kann ich
Ich kann eine Spielanleitung verstehen und danach spielen.

Feierabend

Früher mussten die Menschen oft sehr lange arbeiten. Freizeit hatten sie deshalb nur wenig. Der Bauer Paul Markert wurde 1908 in Herrnbrechtheim, Mittelfranken, geboren. Er erzählt, wie er und seine Familie damals den Feierabend verbrachten:

„Im Sommer ist ein jeder gleich in sein Bett gegangen. Aber im Winter, da haben wir schon ein wenig in der Stube gespielt. *Blindekuh* oder, wenn man älter war, hat man *Mensch ärgere dich nicht* gespielt. Da sind die Spiele aufgekommen. Der Vater hat, als wir älter waren, mit uns Karten gespielt. Erst *Schwarzer Peter,* dann haben wir auch noch ein bisschen *Schafkopf** gelernt. Der Vater hat meistens mitgespielt, die Mutter nicht. Die Mutter hat die Zeit nicht gehabt. Die hat abends Strümpfe stopfen müssen. Sie hat immer die Wäsche richten müssen, da gab es immer etwas zu flicken. Wir Kinder haben eher ins Bett gemusst, aber der Vater war immer noch etwas auf. Im Sommer ging man beizeiten ins Bett. Da war man froh, wenn Feierabend war.“

* Schafkopf ist in Bayern ein sehr beliebtes Kartenspiel.

Aha
Seite 170
Seite 188

Kennst du Spiele, die deine Großeltern oder Eltern gespielt haben?

Der Kreisel

Der Kreisel dreht sich um sich selbst
und dreht sich außerdem im Kreis,
verschwimmt dabei zu einem Fleck,
wie man vom Zuschaun weiß,
und summt
und brummt,
bis er eiert
und wankt
und wackelt
und schwankt.
Dann fällt er um
und ist
stumm.

Aha
Seite 180

Irmela Brender

Fuß	Eisen	Gummi
Fußball	Eisenbahn	Gummitwist
Fußballspiel	Eisenbahngleise	Gummitwistgummi
Holz	Murmel	Auto
Holzbau	Murmelspiel	Rennauto
Holzbausteine	Murmelspielmulde	Rennautobahn

Das kann ich
Ich kann Wörter lesen,
die immer länger werden.

Rund ums Fernsehen

„Ronja Räubertochter" ist mein absoluter Lieblingsfilm. Er ist total lustig und spannend. Den muss man unbedingt anschauen!

Meine Eltern wollen nicht, dass ich länger als eine halbe Stunde am Tag fernsehe. Sie behaupten, dass ich sonst viereckige Augen bekomme. Das ist doch Unsinn, oder?

Samstagabends schauen Mama, Papa, Carlos und ich oft alle zusammen einen Film an. Wir essen Chips oder Popcorn dazu. Das mag ich gerne!

Manchmal würde ich am liebsten den ganzen Nachmittag fernsehen, weil lauter supergute Filme kommen.

Mein Bruder will immer was anderes anschauen als ich. Darum streiten wir oft. Am liebsten hätte ich meinen eigenen Fernseher.

Ich finde es ungerecht, dass Mama und Papa abends fernsehen dürfen und ich ins Bett muss.

Viele Angebote

Großer Spieletag

Wasserballons werfen,
Eierlauf und vieles mehr!

Wann? Am 15. Mai ab 15.00 Uhr

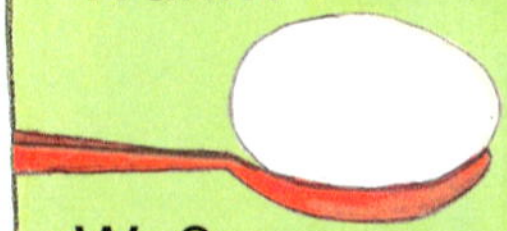

Wo? Auf dem Volksfestplatz

Eintritt frei

Wer hat Lust, einen Roboter selbst zu bauen?

Der Roboclub lädt ein zum
Roboter-Nachmittag.
Wir basteln mit euch zusammen Roboter.

Kommt am 13. März um 14 Uhr ins Haus der Technik!

Materialkosten: 5 Euro

Neueröffnung

Kletterpark Akros

Der Spaß für die ganze Familie!

Auf geht's zum Klettervergnügen mit

- ... Kletterspinne,
- ... Hochseilparcours,
- ... Kinderparcours,
- ... Kletterwand

und vielem mehr.

Eintritt für

- ... Erwachsene: 12 Euro
- ... Kinder unter 12: 6 Euro

Welche Angebote für die Freizeit gibt es in deinem Ort?

Dr. Brumm spielt Schach

Pottwal bringt Dr. Brumm das Schachspielen bei.

„Ziel ist es, den gegnerischen König zu stürzen", sagt Pottwal. „Du fängst an."

„Da sieh nur“, sagt Dr. Brumm. „Ich habe gewonnen.“

„Das hat Spaß gemacht!“, sagt Dr. Brumm.
„Spielen wir noch mal?“
„In deiner heutigen Form bist du leider nicht zu schlagen“,
sagt Pottwal.

Daniel Napp

Weitere lustige Bilder und Geschichten über Dr. Brumm kannst du in **Dr. Brumm gibt Gas** von Daniel Napp lesen.

Manchmal versteht man Aussagen anderer Menschen falsch. Was hat Dr. Brumm in der Geschichte falsch verstanden?

Unsere Mannschaft hält zusammen

Ich heiße Johannes. Jeden Nachmittag spiele ich Fußball. Vor ein paar Wochen passierte etwas Verrücktes. Harry rief: „Jetzt macht doch mal einen richtig guten Angriff auf mein Tor! Wetten, dass ich den Ball halte?“

„Das werden wir ja sehen“, sagte Wanja. Von weit hinten kickte Wanja den Ball Katrin vor die Füße. Die spielte den Ball Simon zu. Simon legte sich den Ball vor und rief im Laufen: „Aufgepasst, Jojo! Jetzt kommt eine Vorlage für dich.“ Damit meinte er mich.

Ich ließ den Ball ein bisschen hüpfen. Dann schlug ich eine Maßflanke zu Juliane. Sie köpfte zu Sebastian. Und Sebastian schoss mit voller Wucht. Nie im Leben hätte Harry diesen Schuss gehalten! Aber leider rutschte der Ball ein wenig von Sebastians Fuß ab und zischte am linken Torpfosten vorbei. Der Ball flog weit, sehr weit. Bis zu den Gärten! Und dort knallte er gegen Oskar Plaschkes Gartenzaun. Ausgerechnet an diesem Tag war Oskar Plaschke dabei, den Gartenzaun hellblau anzustreichen. Der Ball platschte genau auf die frische Farbe. Wir alle standen stumm vor Schreck da, als Oskar Plaschke zu uns hergelaufen kam. „Wer war das?“ Ich sah, wie Sebastian sich einen Ruck gab und mutig sagte: „Ich war's.“ In meinem Kopf schwirrten die Gedanken wie aufgeregte Bienen umher. Es war doch nicht Sebastians Schuld, dass der Ball am Tor vorbeigezischt war! Ich nahm all meinen Mut zusammen. „Ich war's!“, rief ich laut.

Auf einmal kam Bewegung in unsere Mannschaft. „Ich war's!“, rief Katrin. „Nein, ich war's!“, rief Wanja. „Quatsch, ich war's!“, rief Torwart Harry. „Du? Von wegen! Ich war's!“, rief Juliane. „Aber ich war's doch“, rief Simon.

Vorlage, Bewegung, Torpfosten, Gedanken, Gartenzaun

Oskar Plaschke hatte den Mund weit offen und starrte uns der Reihe nach an. Dann passierte etwas Merkwürdiges. Sein Wutgesicht verzog sich mehr und mehr zu einem Lachgesicht. Oskar Plaschke sagte: „Da bin ich aber platt. Ihr seid ja eine richtig gute Mannschaft!“

Jo Pestum

Seite 193

Aha
Seite 168
Seite 174

Keith Haring, 1986

Vom Nehmen und vom Geben

Ich möchte dich

an der Hand nehmen,
in den Arm nehmen,
ernst nehmen,
beim Wort nehmen,
auch mal auf den Arm nehmen
und dich nehmen,
wie du bist.

Ich möchte dir

Wurzeln geben,
Wärme geben,
Kraft geben,
Freiraum geben

und wenn es Zeit wird,
Flügel geben.

Gerda Anger-Schmidt

Alles Familie

Die meisten Menschen mögen ihre Familie.
Weil sie sich mit ihr geborgen fühlen und sicher.
Weil sie über ihre Sorgen reden können,
wenn sie welche haben. Und sie lachen,
reden und feiern gerne mit ihrer Familie.

Mit seiner Familie ist man manchmal so vertraut,
dass man sich schon darüber wundern kann.

In jeder Familie gibt es mal Krach.
Dann brüllen sich alle an.
Oder schweigen ganz beleidigt.

Oder sie sagen sich Dinge,
die sie gar nicht so meinen.

Bei einigen Familien sieht man gleich,
dass alle zusammengehören.

Bei anderen nicht.

In manchen Familien wird immer
viel gekocht. Da essen alle gern
und viel miteinander.
In der Küche ist dort immer was los.

In anderen Familien
wird wenig gekocht.
Zusammen essen
ist ihnen nicht so wichtig.

In manchen Familien
ist Anderssein nicht erwünscht.
Alle sollen sich ähnlich verhalten
oder aussehen.

Wer trotzdem heraussticht,
ist dann das schwarze Schaf
der Familie.

Anke Kuhl und Alexandra Maxeiner

Aha Seite 188

Jeder ist anders.
Wie ist das in deiner Familie?

Willst du noch mehr über Familien wissen? Dann lies das Buch **Alles Familie**.

Warum Mama schlecht wird und Papa die Kaffeetasse umschmeißt

Wir kriegen ein neues Kind. Schon ganz bald. Ich weiß es schon lange. Weil, der Mama war immer so schlecht. Ich hab schon gedacht, jetzt wird meine Mama krank. Sie war aber gar nicht krank. Sie kriegt bloß ein Kind. Als die Mama mal wieder ganz bleich geworden und aufs Klo gerannt ist, da hat der Papa gesagt: „Nun, David, was hättest du denn gerne? Ein Brüderchen oder ein Schwesterchen?“ „Ich hab lieber eine gesunde Mama“, hab ich gesagt. Und da hat Papa mir alles erklärt.

Ich weiß aber nicht, ob ich ein Baby haben will. Babys sind so klein. Mit denen kann man noch nicht spielen. Überhaupt bin ich vielleicht doch lieber nur das einzige Kind bei meinen Eltern. Da können sie sich mehr um mich kümmern. Aber Mama und Papa haben gesagt, auch wenn das Baby da ist, das neue Kind, dann kümmern sie sich ganz viel um mich. „Das verspreche ich dir, David! In die Hand!“, hat Papa gesagt und dabei seine Kaffeetasse umgeschmissen. Weil er so schnell seine Hand hingestreckt hat. Mama hat gelacht und geseufzt, und dann ist ihr wieder schlecht geworden.

Papa hat neuen Kaffee gemacht. Und wir haben uns hingesetzt und überlegt, wie das neue Kind heißen soll. Wenn es eine Schwester wird, dann soll sie *Marie* heißen.

Mein allerliebstes Kinderlied fängt nämlich so an: „Marie auf der Wiese, auf der Wiese Marie …“

Wenn es ein Bruder wird, dann soll er *Moritz* heißen.

Weil der Moritz in meinem Buch von *Max und Moritz,* der hat so lustige Haare, die stehen ihm so hoch.

Ich möchte aber, glaube ich, doch lieber eine Marie. Eine Schwester. Ein Bruder bin ich selber.

Gudrun Mebs

Seite 192

Ob es wohl wirklich eine Schwester wird? Das erfährst du in dem Buch **Mariemoritz**. Du kannst dir auch in dem Hörbuch* anhören, wie es klingt, wenn jemand den Text betont vorliest.

* Seite 194

Meine listige Oma

Oma glaubt, ich lese nicht oft genug. Sie hat viele Bücher.
Nun hat sie auch einen neuen Kühlschrank. Blau, himmelblau.
Der gefällt ihr. Extra dafür hat sie sich Magnete gekauft.
Da sind coole* Sprüche drauf. Ich kann sie auswendig.

* sprich: [kuhle]

Wie schafft Oma es, ihre Enkelin zum Lesen zu verlocken?

Der alte Großvater und der Enkel

Es war einmal ein steinalter Mann, dem waren die Augen trüb geworden, die Ohren taub, und die Knie zitterten ihm. Wenn er nun bei Tische saß und den Löffel kaum halten konnte, schüttete er Suppe auf das Tischtuch, und es floss ihm auch etwas wieder aus dem Mund. Sein Sohn und dessen Frau ekelten sich davor, und deswegen musste sich der alte Großvater endlich hinter den Ofen in die Ecke setzen, und sie gaben ihm sein Essen in ein irdenes* Schüsselchen und noch dazu nicht einmal satt; da sah er betrübt nach dem Tisch, und die Augen wurden ihm nass.

Einmal auch konnten seine zitterigen Hände das Schüsselchen nicht festhalten, es fiel zur Erde und zerbrach. Die junge Frau schalt, er sagte aber nichts und seufzte nur. Da kaufte sie ihm ein hölzernes Schüsselchen für ein paar Heller**, daraus musste er nun essen. Wie sie da so sitzen, so trägt der kleine Enkel von vier Jahren auf der Erde kleine Brettlein zusammen. „Was machst du da?“, fragte der Vater. „Ich mache ein Tröglein“, antwortete das Kind, „daraus sollen Vater und Mutter essen, wenn ich groß bin.“

Da sahen sich Mann und Frau eine Weile an, fingen endlich an zu weinen, holten alsofort den alten Großvater an den Tisch und ließen ihn von nun an immer mitessen, sagten auch nichts, wenn er ein wenig verschüttete.

Brüder Grimm

i

* aus Ton hergestellt
** alte Kupfermünzen

Aha

Seite 172

Schwerstarbeit

„Heute wird das Kinderzimmer aufgeräumt“, sagt Papa
beim Mittagessen. „Denk dir erst gar keine Ausreden aus!“
Jan schlurft ins Kinderzimmer.
„Hast du schon angefangen?“, ruft Papa.
„Jaaa!“
Aber wo? Wo soll Jan anfangen? Hier ist doch alles an seinem Platz.
Papa steckt den Kopf durch die Tür. Anklagend zeigt er
auf den Schreibtisch. „Zum Beispiel das Gerümpel* dort muss weg.“
Gerümpel? Jan schüttelt den Kopf. Auf dem Schreibtisch hat
er gerade eine Naturwunderausstellung eröffnet.
Aber davon hat Papa natürlich keine Ahnung.
Wenn Jan doch wüsste, wo er aufräumen soll!
Jan schwitzt schon von der Schufterei**. Und von der Sucherei.

Und da, plötzlich, entdeckt er die Unordnung.
Unterm Bett hat sie sich versteckt.
Aber Jan wird mit jeder Unordnung fertig.
„Papa!“
Triumphierend hält Jan ihm seinen Fund hin.
„Deshalb sah es hier so wüst aus.
Du hast sie einfach unters Bett geschmissen.“
„Meine Schlappen“, sagt Papa erfreut.
„Die hab ich schon gesucht.“

Frauke Nahrgang

* wertloses Zeug
** schwere Arbeit

A-Z Seite 193

Aha Seite 176

Kinderzimmer

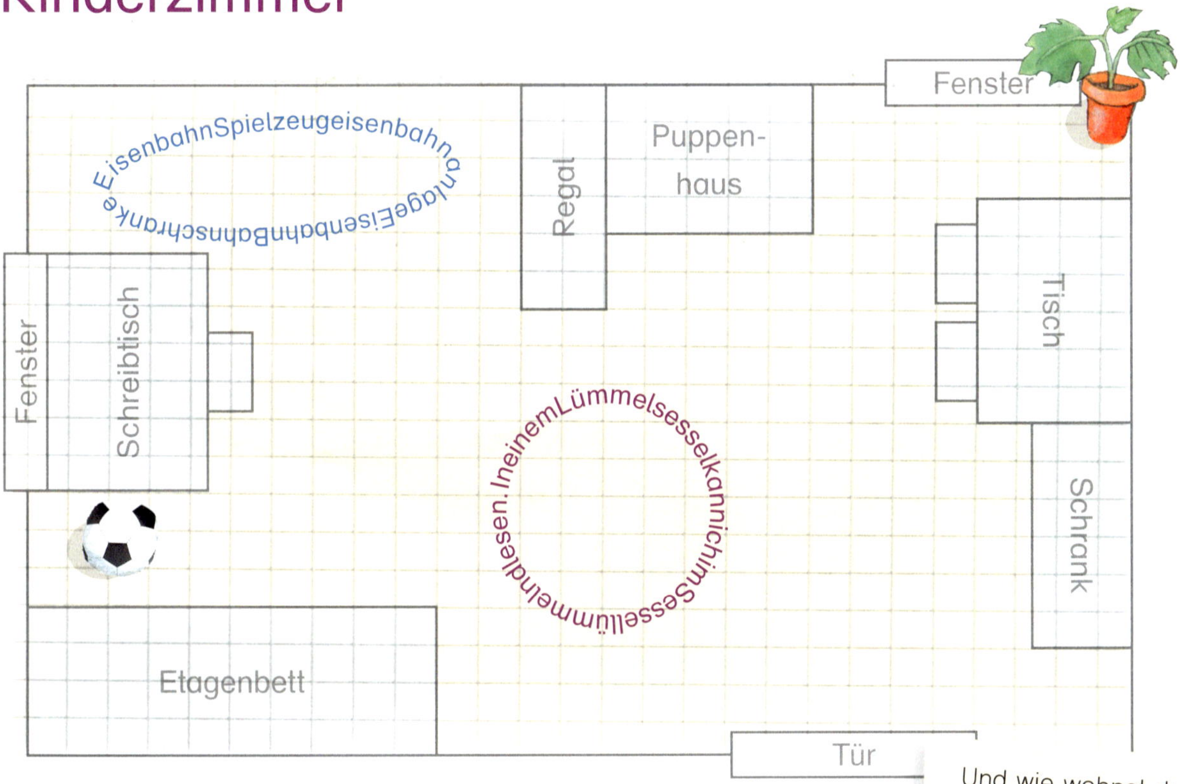

Und wie wohnst du?
Zeichne und beschrifte.

Was steht in keiner Wohnung?

Bett
Flussbett
Gästebett
Etagenbett
Doppelbett
Schrankbett

Schlafzimmerschrank
Bücherschrank
Schuhschrank
Kühlschrank
Giftschrank
Schrank

Tisch
Holztisch
Couchtisch
Schreibtisch
Schanzentisch
Esszimmertisch

Das kann ich

Ich kann gleiche Wortbausteine erkennen und dadurch immer schneller lesen.

FAMILIENPLANER

Wenn jeder etwas tut, ist es für alle gut.

	Papa	Lea	Lukas	Mama
Mo	19 Uhr Schafkopf	18 Uhr Einrad	15 Uhr Fußballtraining	Rezept in der Apotheke holen
Di	mit Lukas Mathe lernen	14 Uhr Musikschule	mit Papa Mathe lernen	19 Uhr Treffen mit Lisa
Mi	19 Uhr Elternabend Lukas	Bibliothek: Bücher zurückgeben	15 Uhr Musikschule	für Oma Paket bei der Post abholen
Do	gelbe Säcke raustragen	15 Uhr Karate, Banja mitnehmen!	Mathetest	19 Uhr Jazztanz
Fr	Kinder von Opa holen + einkaufen	nach der Schule zu Opa	nach der Schule zu Opa	Fortbildung bis 18.30 Uhr
Sa	Alteisen zum Recyclinghof	Zimmer aufräumen	Zimmer aufräumen	Blumen Geburtstag Tante Lola besorgen
	19 Uhr Halma-Abend mit Hubers bei uns			
So	15 Uhr Geburtstagsfeier Tante Lola, Gasthof Neuer			

Das kann ich

Ich kann eine Tabelle lesen.

Das ist ein *Stern-Halma*.
Bis zu sechs Personen können mitspielen.
In Spielesammlungen findest du
noch andere Brettspiele:
Dame, *Schach*, *Mühle*,
Mensch ärgere dich nicht und
Backgammon.

Geburtstagszauber bei Banja

Ich erzähle euch jetzt was, das werdet ihr nicht glauben. Mein Papa war schon immer groß und stark und klug und geduldig. Seit Mama nicht mehr da ist, tut er alles für mich. Und er kann sogar zaubern! Er war auch immer schon mutig. Nur vor Fremden hat er Angst. Meine beste Freundin heißt Banja. Sie kommt aus Tansania*. Es war Montag, als mich Banja zu ihrem Geburtstag eingeladen hat. Das Fest sollte am Samstag sein. Ich war glücklich. Und weil ich wusste, dass sie nichts auf der Welt mehr liebt als Zauberer, sagte ich, dass ich eine große Überraschung mitbringen würde.

* Staat in Afrika

Am Samstag blieb mein Papa länger im Bad als sonst. Er zog seinen Zauberanzug an und packte seinen Zauberkoffer zweimal aus und wieder ein. Dann konnten wir endlich los. Als wir bei Banja klingelten, hörten wir drinnen schon fröhlichen Lärm. Dann wurde es auf einmal still. Und plötzlich erklang laute, feurige Musik. Ich spürte, dass Papa weglaufen wollte, aber ich hielt ihn fest.

Rafik Schami

Wird Papa doch noch weglaufen? Du erfährst es in dem Buch **Wie ich Papa die Angst vor Fremden nahm.**

Afrika hinter dem Zaun

Wir wohnten in einem Haus. Die Nachbarn hatten das gleiche Haus wie wir. Und ihre Nachbarn auch und ihre Nachbarn auch und ihre Nachbarn auch. Und das noch drei Mal.

Neben uns wohnte eine Frau. Sie kam aus Afrika.

Hinter unserem Haus befand sich ein Garten mit einem kleinen Schuppen. Unsere Nachbarn hatten den gleichen Garten wie wir. Und ihre Nachbarn auch und das noch fünf Mal.

Einmal gab es sehr viel Regen. Es goss wie aus Kübeln. Aber die Frau kümmerte sich nicht um den Regen. Sie ging hinaus und lief zum Schuppen. In der einen Hand trug sie eine Eisenstange, in der anderen einen Hammer.

Als es aufhörte zu regnen, ging ich hinaus und schaute über den Zaun. Da konnte ich die Frau besser sehen. Von ihrem Schuppen stand nichts mehr. Die Frau lachte mir zu. Sie sah sehr zufrieden aus.

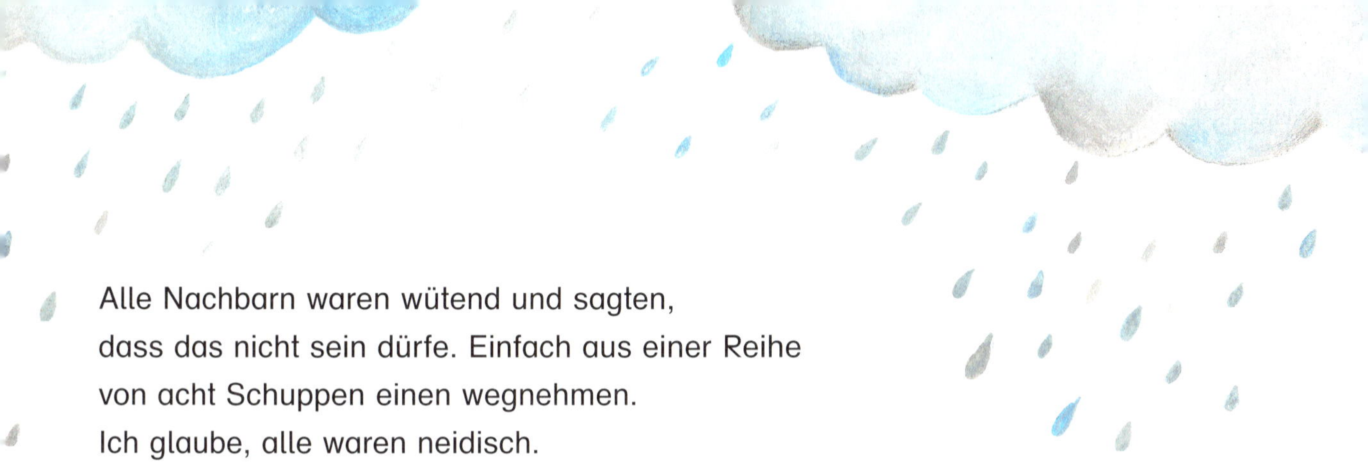

Alle Nachbarn waren wütend und sagten, dass das nicht sein dürfe. Einfach aus einer Reihe von acht Schuppen einen wegnehmen. Ich glaube, alle waren neidisch. Der Garten der Frau war schön groß geworden. Ich lachte ihr über den Zaun zu. Sie lachte zurück und begann zu graben.

Als es Abend wurde, schleppte sie Säcke in ihren Garten. In den Säcken war Lehm. Sie schüttete den Lehm in ihre Grube. Dann formte sie eine runde Mauer. Die Frau baute ein Haus in ihrem Garten. Eine Hütte aus Lehm. Sie arbeitete tagelang daran. Egal, ob es regnete oder nicht. Nach einer Woche lag eine Hartfaserplatte* als Dach darauf.

* sehr harte Holzplatte

„Werden Sie nun hier wohnen?“, fragte ich. Die Frau lachte. „Nicht wirklich wohnen“, sagte sie. „Aber ich will ab und zu hier sitzen, wenn ich meine Heimat vermisse.“

Bart Moeyaert

Seite 192

Was weißt du über Afrika? Halte einen kleinen Vortrag.

Franz Marc: Elefant, Pferd, Rind, Winter, 1913/14

Reimreise

Der Himmel ist blau,
sagte der Pfau.

Zeit zu verreisen,
sagten die Meisen.

Ja, mit der Bahn,
sagte der Hahn.

Oder wir fliegen,
sagten die Ziegen.

Nach Amsterdam,
sagte das Lamm.

Wo soll das sein,
fragte das Schwein.

Da, um die Ecke,
sagte die Schnecke.

Kaum zu glauben,
sagten die Tauben.

Frantz Wittkamp

Horst Hofmanns Hunde

Hundert heimtückische Hunde
heulten heute
hinter Horst Hofmanns Hinterhaus,
heulten hinter Hennen her,
hinter Hasen,
hinter Haselmäusen,
hinter Hamstern.
Höfliche harmlose Hunde
heulen höchstens heimlich.
Horst Hofmanns Hunde hingegen
heulen höllisch.
Horst Hofmanns Hunde
haben höchst hässliche
Heulgewohnheiten!

Paul Maar

Seite 192

Aha
Seite 182

Drei dünne Dackel …
Neun niedliche Nilpferde …

Tierische Zungenbrecher

Zehn zahme Ziegen zogen
zehn Zentner Zucker zum Zoo.

Wenn Fliegen hinter Fliegen fliegen,
fliegen Fliegen hinter Fliegen her.

Zwischen zwei Zwetschgenzweigen
zwitschern zwei geschwätzige Schwalben.

Der Löwe

Als die Biene zum ersten Mal
einen Löwen brüllen hörte,
da sprach sie zur Henne:
„Der summt aber komisch.“
„Summen ist gut“, fand die Henne.
„Wieso?“, fragte die Biene.
„Er gackert“, antwortete die Henne,
„aber das tut er allerdings komisch.“

Günther Anders

Lieblingstiere

Steckbrief

Tierart:	Zwergkaninchen
Größe:	30 bis 45 cm lang und 15 bis etwa 20 cm hoch
Gewicht:	1 bis 3 Kilogramm schwer
Aussehen:	5 bis 7 cm lange Ohren, Fellfarbe von weiß über beige, braun, grau und schwarz; Schwanz in Form einer Quaste*, unten hell gefärbt
Alter:	Sie werden bis etwa 10 Jahre alt.
Lebensraum:	Wälder, Parks, Felder und Gärten
Nahrung:	Heu, Kräuter, Wurzeln, Gemüse, Pilze und frisches Wasser
Besonderheit:	Schneidezähne wachsen lebenslang nach.

Tipp: Möchtest du Kaninchen als Haustiere haben, solltest du zwei Tiere halten!

* Büschel aus Haaren

Steckbrief

Tierart: Hund
Größe: ...
Gewicht: ...

Steckbrief

Tierart: Delfin
Größe: ...
Gewicht: ...

Hasenbrillen

Das brauchst du:

- 1 Scheibe rundes Vollkornbrot
- 1 Teelöffel Butter
- 1 Esslöffel Frischkäse mit Kräutern
- 1 mittelgroße Karotte
  (gewaschen und trocken getupft)
- Petersilie und Kerbel, gehackt
- 1 Apfelscheibe
- 1 Messer
- 1 Gemüsehobel

Warum brauchen Hasen keine Brillen?

Weil sie gerne Karotten essen!

So geht es:

① Bestreiche die Brotscheibe mit Butter und Frischkäse.
② Schneide die Karotte mit dem Gemüsehobel in feine Scheiben.
③ Belege das Brot mit den Karottenscheiben.
④ Bestreue das Karottenbrot mit Petersilie und Kerbel.
⑤ Dekoriere es mit der Apfelscheibe.

Oskar Marti und Oskar Weiss

Hast du Appetit bekommen? Weitere Rezepte findest du im Kochbuch **Kochen mit Cocolino**.

Redensarten: Schwein haben

„Puh, *Schwein gehabt,* dass Sport heute ausgefallen ist! Ich hatte meinen Turnbeutel vergessen!“

Diese Redewendung kennt ihr bestimmt. Wenn jemand Glück gehabt hat, ohne selbst etwas dafür getan zu haben, sagt man: „Er hat Schwein gehabt.“ Woher diese Redensart kommt, ist nicht eindeutig geklärt. Man vermutet, dass sie aus dem Mittelalter stammt.

Zu dieser Zeit bekam der Schlechteste bei sportlichen Wettkämpfen ein Schwein als Trostpreis. Damit wurde man zwar lächerlich gemacht, hatte aber auch etwas Gutes bekommen, denn Schweine galten damals als wertvoll. Und – ihr könnt es euch sicher schon denken – auf diesen Zusammenhang geht vermutlich auch der Begriff *Glücksschwein* zurück.

Höher, schneller, weiter

Pumas springen
aus dem Stand 5,40 Meter hoch.
Das ist ungefähr doppelt so hoch
wie der Weltrekord im Hochsprung
der Männer. Er liegt bei 2,45 Metern.

Der schnellste Mensch kann
etwa 37 Stundenkilometer laufen.
Geparden können ein Tempo
von 112 Stundenkilometern
erreichen.

Der Rekord im Weitsprung
liegt bei knapp 9 Metern.
Ein Graues Riesenkänguru,
das auf der Flucht ist,
macht Sprünge bis zu
13 Metern Länge.

nach Veronika Straaß

Du willst noch mehr spannende Dinge erfahren? Lies nach in **Willi wills wissen. Schlaue Tiere!**

Fröschchen auf der Klemme

Das brauchst du für 4 Frosch-Klemmen:

- 4 Wäscheklammern
- 4 Pflaumenkerne
- 8 getrocknete Erbsen
- Papier und Schere
- Malkasten und Pinsel
- Bastelkleber

①

Male mit Tusche und Pinsel vier hellgrüne Kreise auf das Papier.

②

Sobald die Farbe trocken ist, schneide die Kreise aus und eine kleine Einbuchtung hinein

③

Umrande die Schnipsel mit dunkelgrüner Farbe.

④

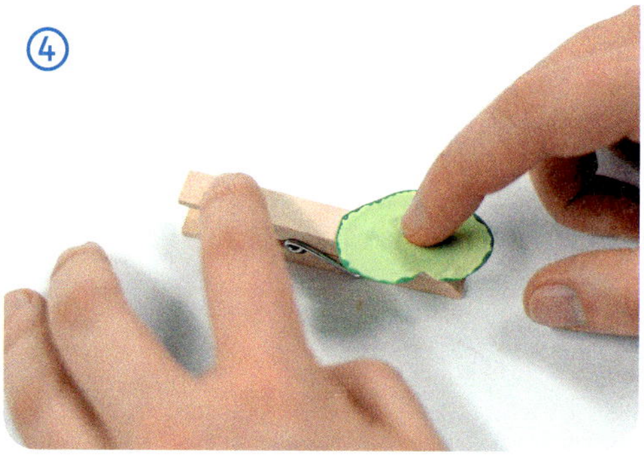

Dann klebst du je eines dieser Blätter auf das untere Ende jeder Wäscheklammer.

⑤

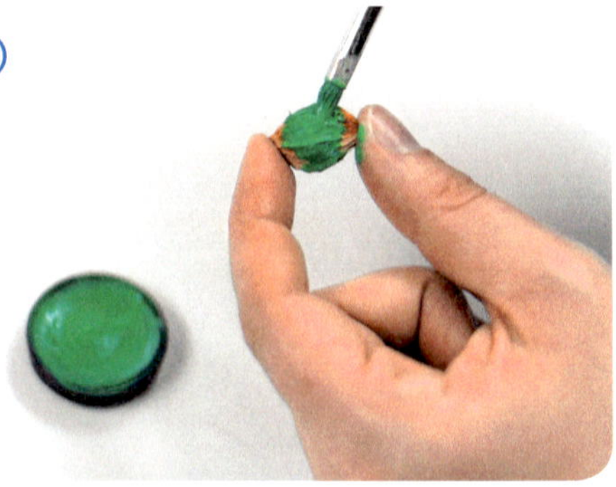

Male nun die vier Pflaumenkerne dunkelgrün an und lasse die Farbe trocknen. Klebe je einen Kern mittig auf ein Blatt.

⑥

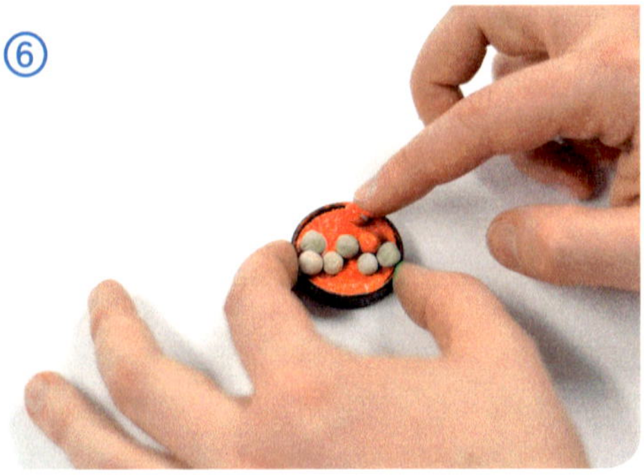

Rühre das Orange aus deinem Tuschkasten mit etwas Wasser an und wälze dann die Erbsen darin.

⑦

Trage zwei Punkte Klebstoff auf den Kern auf und warte ein wenig, bis sie schon leicht fest werden.

⑧

Schließlich drückst du eine Erbse auf jeden Klebepunkt und malst diesen Froschaugen schwarze Pupillen.

Aha
Seite 170

Stellt euch gegenseitig Kinderzeitschriften mit Basteltipps vor.

Spannende Basteltipps und Geschichten stehen oft in Kinderzeitschriften.

Die durstige Krähe

Eine Krähe hatte großen Durst,
doch fand sie nichts zu trinken.
Da entdeckte sie einen Wasserkrug.
Als sie hineinschaute, sah sie,
dass er bis zur Hälfte voll Wasser war.
Sie wollte ihren Schnabel hineintauchen,
doch der Krug war viel zu hoch.

Traurig schaute die Krähe
auf das Wasser hinunter.
Wenn doch ihr Schnabel nur länger wäre!
Dann aber fiel ihr etwas ein.
Sie flog davon und kam
mit einem Steinchen im Schnabel zurück.
Sie warf den Stein ins Wasser.
Dann flog sie davon und holte
noch viele andere Steinchen.
Auch diese ließ sie in den Krug fallen.

Als sie nach einer Weile
wieder nach dem Wasser sah,
war es bis an den Rand
des Kruges gestiegen.
Nun konnte sie so viel trinken,
wie sie wollte.

nach Rolf Krenzer

A–Z Seite 191

Aha Seite 178

Flosse, Fell und Federbett

Kannst du abends gar nicht schlafen
und die Sache mit den Schafen
funktioniert nicht mehr bei dir ...
... dann probier ein andres Tier!

Eins mit Borsten oder Feder
oder Schuppen oder Leder.
Ohne Zählen kannst du wählen
zwischen Flosse, Flügel, Fell ...
... entscheide schnell!

Du kannst mit Hummeln schummeln
oder mit Hummern schlummern.
Mit Schaben traben, mit Hasen rasen,
mit Mopsen hopsen, mit Kröten flöten.

Du könntest mit Meisen verreisen
oder mit Ziegen fliegen.

Wollen wir mit Eulen heulen bis früh um acht?
Oder lieber nicht? Dann lösch das Licht!
Gute Nacht!

Nadia Budde

Seite 190

Bär und Biene

„Manchmal“, sagte Biene eines Morgens, als sie sich auf ein Waldveilchen setzte, „manchmal werde ich fleißiges Bienchen genannt.“ Bär saß an einem Baum und rieb sich den Rücken an der Baumrinde.

„Manchmal sagen sie von mir, dass ich so stark bin wie ein Bär“, sagte er. „Trotzdem fühle ich mich ab und zu ganz schlapp. Dann habe ich keine Lust, meine Höhle zu verlassen. Auch nicht, wenn die Sonne auf den Fluss scheint.“

„Ja“, sagte Biene, „und ich bin auch nicht immer fleißig. Manchmal mag ich das Nichtstun und genieße es, gemütlich auf einer Blume zu schaukeln, wie jetzt.“

„Warum sagen die Leute so was über mich?“, fragte der Bär. „Du bist doch ein Bär“, sagte Biene. „Ja“, antwortete er. „Ich bin ein Bär.“ „Manchmal“, fuhr er fort, „manchmal fühle ich mich wie eine Maus, eine ängstliche Maus.“

„Ach ja?“, fragte Biene erstaunt. „Wenn es gewittert“, sagte Bär leise, „dann bin ich eine ängstliche Maus.“ „Das habe ich nicht gewusst“, sagte Biene. Bär malte mit einer Pfote einen Kreis ins Gras.

„Manchmal“, sagte Biene, „manchmal bin ich wie eine Gans, eine dumme Gans.“ „Ach ja?“ Bär starrte Biene erstaunt an. „Wenn es regnet, fliege ich manchmal hinaus. Dann vergesse ich einfach, dass meine Flügel nass werden. Und dann kann ich nicht mehr fliegen.“ Biene summte verlegen.

„Du darfst ruhig manchmal eine dumme Gans sein“, sagte Bär. „Da ist nichts dabei.“

„Danke, Bär“, sagte Biene. „Und du darfst ruhig manchmal eine Maus sein.“ Bär lachte. „Danke, Biene.“

Stijn Moekaars

Mehr von Bär und Biene kannst du in dem Buch **Kein Tag ohne Bär und Biene** lesen oder auf CD hören.

Paul Klee: Herzdame, 1922

Herzklopfen

Es ist etwas Eigenartiges,
sein eigenes Herz klopfen zu hören –
etwas geheimnisvoll Nahes.
Manchmal spüre ich es nur,
wenn es zu schnell klopft
und bekomme Angst.
Manchmal klopft es mir bis zum Hals hinauf
oder rutscht in die Knie
und ab und zu sogar in die Hose.
Ist das Herz wieder oben,
vergesse ich schnell,
dass es klopft.
Aber neulich habe ich
meinen Puls gefühlt
und ein Lied dazu gesungen.
Das ging mir zu Herzen,
aus dem es kam.

Seite 193

Fredrik Vahle

Florian sagt: „Nein!"

Florian und Laura wollen schnell nach Hause. Sie gehen auf dem schmalen Weg hinter den Gärten, denn der ist eine Abkürzung. „Warum schleichst du so?“, fragt Laura. „Psst!“, antwortet Florian und zeigt auf das Haus vor ihnen. „Ach, wegen Frau Seidel“, meint Laura. Florian nickt und sagt: „Die tut immer so seltsam.“

Laura ist das bisher noch gar nicht aufgefallen. Ihre Mama besucht die Frau Seidel manchmal. Jetzt kommen die beiden zum Eingang von Frau Seidels Garten. Da öffnet sie die Tür, und schon geht es los: „Hallöchen, mein Kleiner! Das ist lieb, dass du vorbeikommst.“

Frau Seidel versperrt ihnen den schmalen Weg. Florian will sich an ihr vorbeidrängen. Aber sie hält ihn an der Schulter fest. Nun mischt sich Laura ein: „Wir müssen nach Hause.“ „Ihr werdet doch ein bisschen Zeit für mich haben“, plappert Frau Seidel. Sie bückt sich und schmatzt Florian einen Kuss auf die Wange. Der ist nass. Igittigitt!

Florian möchte weg. Aber sie hält ihn immer noch fest und sagt: „Komm rein. Ich habe Pralinen.“

Zu Laura sagt sie: „Du kannst mitkommen.“ Florian weicht zurück und dreht sich unter ihrer Hand weg. Frau Seidel beschwert sich: „Du bist heute aber komisch, mein Kleiner.“ Sie versteht nicht, warum er das nicht möchte. Also muss er es sagen. Traut er sich?

Plötzlich platzt er damit raus.

„Ich will nicht mitkommen!“, platzt es aus ihm heraus. „Und ich will auch keine Pralinen. Ich hab nur nie gesagt, dass ich die nicht mag. Und ich will auch keinen Schlabberkuss.“

Frau Seidel schimpft: „Ich war immer nett zu dir. So was Undankbares und Freches habe ich noch nie erlebt!“

Florian drückt sich an ihr vorbei. Dass er undankbar und frech ist, glaubt er nicht. „Die war ja wirklich seltsam“, meint Laura. Florian nickt und sagt: „Hoffentlich lässt sie mich jetzt in Ruhe.“

Achim Bröger

Aha
Seite 188

Kassler Klein-Koch-Kunst

In einem Topf bei Kassel,
wohnte eine Assel,
bis eine Kassler Köchin kam
und diesen Topf zum Kochen nahm.
Die Assel starb im Brei –
so war auch Fleisch dabei.

Karlhans Frank

Das mag ich oder nicht

Am liebsten esse ich Spaghetti mit Zucker
süße ich den Kakao mit Senf
bestreiche ich das Würstchen mit Sahne
bedecke ich den Apfelkuchen mit Salz und Pfeffer
würze ich die Suppe am Stiel
schmeckt mir das Eis am besten.

Siggi Gsell

Viele Kinder – viele Hobbys

Was machen eigentlich die Kinder unserer Klasse in ihrer Freizeit? Das wollten Aylin und Elias herausfinden und haben alle nach ihren Hobbys gefragt. Nun wollen sie ihre Ergebnisse vorstellen und haben ein Diagramm* gezeichnet, das sie an der Tafel aufhängen:

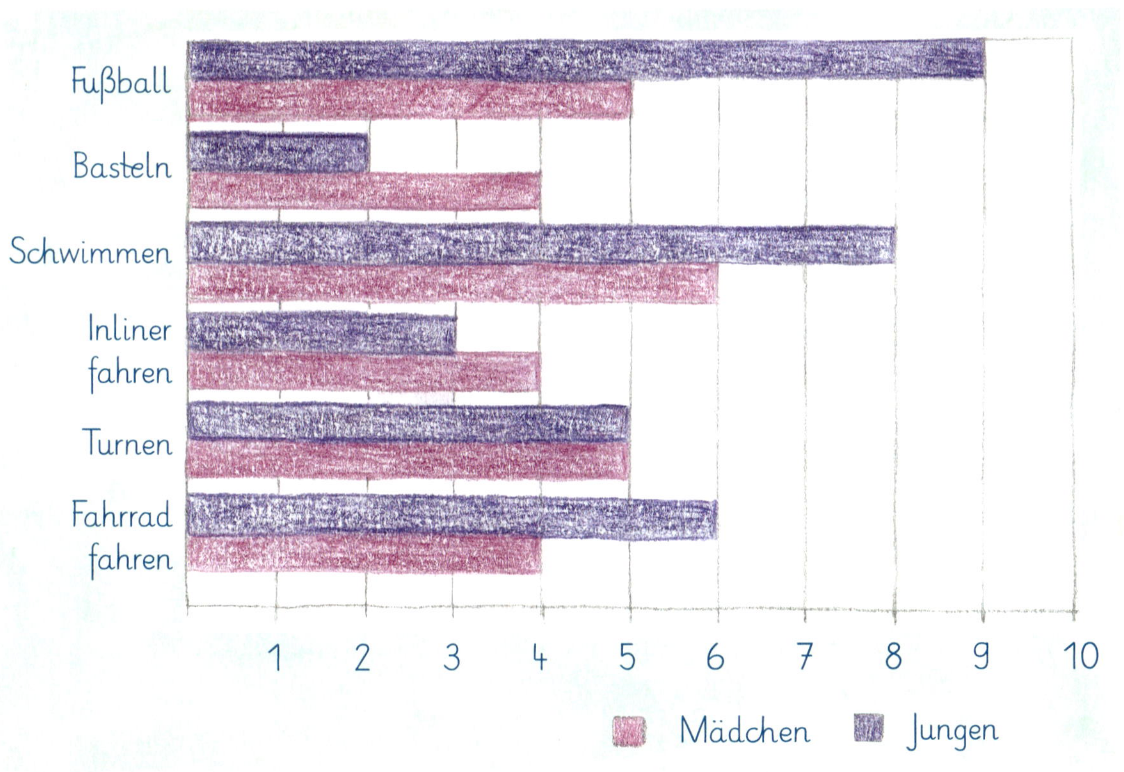

„Super!“, ruft Sarah. „So etwas mache ich auch.
Ich werde eine Umfrage machen, wer welches Haustier hat.“
„Und ich frage nach dem Lieblingsessen“, meldet sich Leon.
Pia möchte wissen, welche Musikinstrumente die Kinder der Klasse spielen.

i

* Schaubild, zum Beispiel zur Darstellung von unterschiedlichen Mengen

Das kann ich

Ich kann ein Diagramm* lesen.

Rätsel

Du hast es auf dem rechten Fleck.
Oft fällt dir ein Stein davon runter.
Du schüttest es manchmal bei mir aus.
Gestern fiel es dir gar in die Hose.

Du gehst mit ihm oft durch die Wand.
Manchmal steckst du ihn in den Sand.
Dann gibt es Zeiten, da raucht er dir,
und Zeiten, da zerbrichst du ihn dir.

Du tanzt mir oft darauf herum
und schlägst mir die Tür vor ihr zu.
Gestern führte ich dich an ihr herum.
Manche bohren in ihr immerzu.

Gerda Anger-Schmidt

Fieber haben

Ist Fieber eine Krankheit?

Nein, Fieber selbst ist keine Krankheit,
sondern ein Warnsignal.
Es bedeutet, dass unser Körper
sich gerade gegen eine Krankheit wehrt.
Zu hohes Fieber sollte man senken.
Es ist sehr anstrengend für den Körper.
Außerdem muss man bei Fieber
sehr viel trinken!

Warum steigt die Körpertemperatur?

Die normale Körpertemperatur
des Menschen beträgt 37° Celsius.
Unser Gehirn überwacht sie ständig.
Wenn Krankheitserreger
unseren Körper angreifen,
vermehren sich bestimmte Blutzellen.
Sie zerstören die Erreger.
Durch diesen Vorgang
steigt die Körpertemperatur.

nach Delphine Godard und Nathalie Weil

Antworten auf weitere spannende Fragen findest du in dem Buch **Hatschi, Pups und Aua!**, dem großen Buch der Körpersensationen.

Brillen für jeden Zweck

Brillen als Sehhilfen

Brillen wurden für Menschen erfunden,
die nicht gut sehen konnten.
Der Name *Brille* leitet sich
von dem Wort *berille* ab.
Berylle sind Bergkristalle.
Man bearbeitete sie früher so,
dass sie Sehfehler ausgleichen konnten.
Heute gibt es Brillen in unterschiedlichen
Farben und Formen. Die meisten Menschen
tragen heute Brillen mit Gläsern
aus Kunststoff.

Sonnenbrillen

So, wie man die Haut mit Sonnencreme
vor der Sonne schützt,
schützen Sonnenbrillen die Augen
vor den gefährlichen Strahlungen
des hellen Sonnenlichts.
Dieser gefährliche Anteil des Lichts
wird durch das besondere Glas
für das Auge gefiltert.
Sonnenbrillen gibt es
in unterschiedlichen Tönungen.

Aha
Seite 170

Schutzbrillen beim Sport

Schwimmbrillen sind Sportbrillen.
Sie schützen die Augen vor Reizungen durch das Chlor- oder Salzwasser.
Zwei kleine Gläser liegen eng um die Augenhöhle an.
Mit einem Gummiband um den Kopf wird die Schwimmbrille festgehalten.

Fahrradbrillen schützen das Auge vor Regen, Wind, Staubkörnern oder Insekten. Das Brillenglas hat eine gebogene Form, damit die Sicht im Straßenverkehr nicht gestört wird.

Skibrillen haben eine ähnliche Funktion* wie Fahrradbrillen. Zusätzlich schützt eine Tönung die Augen vor der schädlichen UV-Strahlung und vor Schneeblindheit.

* Aufgabe, Zweck

Und welchen Zweck haben diese Brillen?

Paula

Paula ist zu dick.
Paula wünscht sich, leicht zu sein.
Wie eine Libelle, wie ein Taschentuch
oder wie ihre acht Geschwister.
Keiner von ihnen ist so schwer wie Paula.
Einfach keiner.

„Das geht wieder weg“,
sagt ihre Mutter jeden Morgen.
„Du bist eben unser Pummelchen“,
sagt der Vater jeden Abend.
„Mich stört das nicht.“

Paula glaubt, dass ihr Vater lügt.
Es stört ihn doch.
Er hat aufgehört, Paula in die Luft zu werfen.
Sein Kreuz tut ihm weh, behauptet er.

Paula kennt die Wahrheit.
Sie ist ihm einfach zu schwer geworden.

Im Frühling kommt Onkel Hiram zu Besuch. Er lebt in Australien und hat Paula das letzte Mal vor zwei Jahren gesehen. Da war Paula rank und schlank.

„Dir scheint es ja besonders gut zu gehen“, sagt Onkel Hiram und nimmt Paula auf den Arm, als wäre sie noch immer rank und schlank.

„Nicht gerade besonders“, sagt Paula. „Ich bin zu dick und zu schwer.“ Onkel Hiram lässt Paula ein wenig in seinen Armen wippen. „Also ich spür nichts“, sagt er und meint es auch so. Paula kann sehen, dass Onkel Hiram nicht lügt. Es ist kein Scherz. Es ist wirklich so.

Onkel Hiram beweist es Paula, er geht mit ihr nach draußen und wirft sie in die Luft.

Paula kichert. Sie hat kein Gewicht mehr. Sie ist leichter als eine Libelle oder ein Taschentuch. Paulas Kichern wird zu einem Lachen.

Zoran Drvenkar

Seite 191

Christof Schröder: Blätterkreis, 2005

November

Es kommt eine Zeit,
da lassen die Bäume
ihre Blätter fallen.
Die Häuser rücken
enger zusammen.
Aus dem Schornstein
kommt ein Rauch.

Es kommt eine Zeit,
da werden die Tage klein
und die Nächte groß,
und jeder Abend
hat einen schönen Namen.
Einer heißt Hänsel und Gretel.
Einer heißt Schneewittchen.
Einer heißt Rumpelstilzchen.
Einer heißt Katherlieschen.
Einer heißt Hans im Glück,
Einer heißt Sterntaler.
Auf der Fensterbank
im Dunkeln, dass
ihn keiner sieht,
sitzt ein kleiner Stern
und hört zu.

Elisabeth Borchers

Schütze die Natur

Die Natur kann sich nicht wehren. Sie braucht den Schutz durch die Menschen. Viele Menschen arbeiten mit großem Einsatz daran, bedrohte Lebensräume* zu erhalten. Sie pflanzen Bäume und andere Pflanzen und schützen Tiere. Du kannst auch ein Stück Erde bewahren. Ein Biotop, also ein Lebensraum für bestimmte Tiere und Pflanzen, lässt sich überall anlegen – in einem Garten ebenso wie in einem Hinterhof oder in einem Blumenkasten. Jedes Fleckchen Erde, das der Natur erhalten wird, zählt. Es ist wie ein Knoten in einem Netz. Je dichter das Netz geknüpft wird, desto schöner ist das Leben für Tiere, für Pflanzen und für uns Menschen.

Tankstelle für Sonnenschein

Pflanzen können etwas, das nur sie können: Sonnenschein tanken. Die Tankstelle sitzt in den Blättern, in dem grünen Farbstoff, dem Chlorophyll. Es besteht aus länglichen Körnchen.

i

* Der Lebensraum von Tieren und Pflanzen ist bedroht, wenn sie nicht mehr alles, was sie zum Leben brauchen, haben: Platz, saubere Luft, Nährstoffe, Futter. Dann vermehren sie sich nicht mehr.

Die rollen sich dorthin, wo am meisten Sonne auf das Blatt trifft und drängen sich eng zusammen. Die Blätter helfen ihnen dabei. Sie drehen und biegen sich der Sonne entgegen, wie von einem unsichtbaren Motor angetrieben. So bekommt die Pflanze Energie von der Sonne. Sie braucht sie, um Sauerstoff für unsere Atemluft herzustellen.

Im Internet findest du noch mehr Informationen über Sonnenblumen.

Sonnenmotoren im Blumentopf

Du kannst diese Sonnenmotoren selbst sehen. Säe Bohnen oder Sonnenblumen in einen Blumentopf. Wenn sie gekeimt sind, stellst du die Sämlinge ins volle Licht. Sie werden kerzengerade wachsen. Wenn du den Blumentopf jetzt ein Stück vom Fenster wegziehst, sodass er nur von einer Seite Licht bekommt, biegen sich alle Sämlinge zum Licht. Wenn du den Topf umdrehst, richten sie sich wieder auf und biegen sich zur anderen Seite.

Claudia und Reinold Fischer

Der Klettverschluss

Immer wieder ärgerte sich der Schweizer George de Mestral, wenn sein Hund nach einem Spaziergang die Früchte von Kletten* im Fell hatte. Die hingen sehr fest im Fell. Es war sehr mühsam, sie zu entfernen.

Aber irgendwie hatte er das Gefühl, dass daraus was zu machen war. Unter dem Mikroskop sah er, dass die Kletten kleine Häkchen hatten, die sich um die Haare seines Hundes legten. Sie brachen aber nicht ab, wenn man sie aus dem Fell entfernte. Man müsste also nur die Häkchen künstlich erzeugen und mit einem ähnlichen Material wie Fell zusammenbringen und schon …! Jahrelang hat er geforscht und so erfand er den Klettverschluss.

Schreibe auf, wo du einen Klettverschluss finden kannst.

Spaziergang mit Socken

Zieh dir dicke Wollsocken an und laufe damit im Sommer über eine Wiese. Am Ende deines Spaziergangs sind die Socken voller Pflanzenteile, die sich in der Wolle verhakt haben. Sammle sie vorsichtig ab und säe sie in einen Blumentopf. Bald hast du eine Miniwiese.

* Eine Klette ist eine Pflanze. Ihre Samen bleiben überall hängen.

Die Becherlupe

Du brauchst:
- einen Plastikbecher
- Frischhaltefolie
- Klebeband oder einen Gummiring

Becherlupe aus Glas

Befestige die Frischhaltefolie straff über der Öffnung des Plastikbechers. Schneide seitlich in den Becher ein Loch. Hier kannst du Erde oder etwas Pfützenwasser hineinfüllen. Zum Schluss gibst du einen Tropfen Wasser oben auf die Folie.

Was passiert?

Durch den Wassertropfen siehst du alles vergrößert – eine Becherlupe!

Besonders gut kannst du die Becherlupe an einem Bach, Weiher oder Tümpel einsetzen.

Warum gibt es Wassertropfen?

Hast du schon einmal überlegt, warum Wasser Tropfen bildet? Das liegt daran, dass sich die einzelnen Wasserteilchen am liebsten ganz eng zusammendrücken. Am dichtesten können sie zusammenrücken, wenn sie eine Kugel formen, den Wassertropfen!

Detlef Kersten

Aha
Seite 172

Die Hecke im Jahreslauf

Ganz früh im Jahr beginnt die Hecke zu blühen. Noch ist es Februar! Da erscheinen weiße Weidenkätzchen ① an den Zweigen. Als Knospen haben sie im Winter auf die ersten wärmenden Sonnenstrahlen gewartet. Im März folgen die Blüten vom Haselstrauch. Die männlichen Blüten des Haselstrauchs hängen im März als kleine längliche Kätzchen ② an den Zweigen. Die Frühblüher sind für Insekten, die überwintert haben, die erste Nahrungsquelle.

Es folgt ein farbenfroher Sommer mit einem bunten Blütenmeer auf den Wiesen. Diese Blüten locken Insekten an, die die Pflanzen befruchten sollen. Die Farben und Formen der Blüten sind für Insekten besonders attraktiv*. Sie sind Wegweiser zu süßem Nektar. Bei Fliegen und Weichkäfern sind die Wilde Möhre ③ und die Schafgarbe ④ besonders beliebt. Sie bieten viel Platz zum Landen, und der Nektar lässt sich ganz leicht aus den kleinen Blüten lecken. Um an den süßen Saft der Lippenblüten des Wiesensalbeis ⑤ zu kommen, braucht man einen langen Rüssel.

* verlockend, anziehend

Im Herbst und Winter hängen die Hecken voller Früchte. Damit stärken sich die Vögel für ihren Flug in den Süden oder für den Winter. Viele Vögel ernähren sich bevorzugt von einer Beerensorte. So gibt es keinen Futterstreit. Viele Vögel, auch einige Singdrosseln, bleiben im Winter bei uns oder kommen früh aus ihrem Winterquartier zurück. Sie fressen am liebsten Hagebutte und Weißdorn.

Vor allem im Frühling und Sommer umschwirren Honigbienen blühende Hecken und Wiesenblumen. Bienen gehören zu den wichtigsten Nutztieren für Mensch und Natur, Bei ihren Sammelflügen werden die Blüten bestäubt. Bienen können sich untereinander verständigen. Mit dem Schwänzeltanz zeigen sie an, wo sich die Nahrungsquelle befindet. Mehr als die Hälfte unserer Obstbäume und viele Blumen werden von ihnen befruchtet.

Angela und Ina Hoffmann

Der Mensch nutzt die Biene als Honiglieferant.
Honig ist gesund und schmeckt gut.
Die Biene gehört zu den Insekten.
Insekten haben sechs Beine.
Die Biene lebt zusammen mit anderen Bienen in einem Bienenstaat.
So ein Volk kann jeden Tag bis zu einem Kilogramm Honig herstellen.
Das sind zwei Gläser voll.

Schwarzer Holunder

Ein bekannter Strauch der Hecke ist der *Schwarze Holunder.* Ende Mai bis Anfang Juni verwandelt sich der sonst unauffällige Holunderbusch in ein herrliches Blütenmeer. Anfang August ist er übervoll mit Beeren. Doch die Pflanze bietet noch viel mehr.

Ihr Name stammt vom Wort Holuntar ab, was hohl und heilig bedeutet. Manche sagen aber, dass das Wort von Frau Holle abstammt. Der Holunderbusch war angeblich der Lieblingsbusch der germanischen Göttin Holla. Sie kommt im Märchen der Brüder Grimm als Frau Holle vor.

Die Früchte enthalten viel Farbstoff. Damit färbt man Lebensmittel, aber auch Haare oder Leder. In den Blüten und Beeren finden sich wertvolle Mineralstoffe und viele Vitamine. Die Beeren dürfen aber nicht roh gegessen werden. Ungekochte Beeren sind giftig. Erst durch Kochen werden sie genießbar.

Der Holunder gilt schon lange als Heilpflanze und hilft bei Erkältungen und Grippe, bei Fieber, zur Stärkung des Immunsystems, bei Hautunreinheiten und bei Verstopfung. Allerdings werden nur Beeren und Blüten verwendet, da das Grüne der Pflanze giftig ist.

Aha
Seite 172

Aus den Ästen kann leicht das Innere, das Mark, entfernt werden. Deshalb wurden daraus auch früher schon Blasrohre, Holunderflöten oder Pfeifen hergestellt.

Hast du schon einmal Gebackenes mit Holunder oder Holler ausprobiert? Diese Nachspeise schmeckt: Hollerküchle oder Hollerkiachal oder Hollerkücherl heißt sie, je nachdem wo du wohnst.

Blütendolde des Holunders

Holler-Limonade

Du kannst selbst Holler-Limonade herstellen:

- Fülle in eine Glaskanne
  1 Liter Wasser,
  2 Teelöffel Zucker,
  2 Scheiben ungespritzte Zitrone,
  nach Geschmack Zitronensaft,
  5 bis 6 frisch gepflückte und
  gewaschene Hollerblütendolden.
- Decke die Glaskanne mit einem Tuch ab und lasse das Ganze ziehen.
- Kühle das Getränk ungefähr 3 Stunden.
- Fülle die Holler-Limonade durch ein Sieb in Gläser ab.

Das kann ich

Ich kann ein Rezept verstehen und danach etwas herstellen.

Die Kinder und der alte Baum

Viele, viele Jahre stehe ich schon hier. Meine Wurzeln reichen tief in die Erde, und meine Krone ragt hoch in den Himmel. Im Frühling, wenn mich die ersten Sonnenstrahlen treffen, wachsen meine Blätter. Leuchtend grün sind sie zuerst und zart. Meine Äste sprießen, und ich wiege mich sanft im leichten Wind. Die Kinder tanzen um meinen dicken Stamm und singen Lieder. Vögel bauen ihre Nester in meinem Geäst. Sie legen ihre Eier und brüten sie aus. So sind sie vor Regen und Kälte geschützt. Schon bald schlüpfen die jungen Vögel.

Die Kinder hören das laute Piepen und Zwitschern. Sie schauen gespannt nach oben und können kaum erwarten, dass die kleinen Vögel fliegen lernen. Im Sommer wird es heiß. Die Sonne brennt vom Himmel, und die Erde trocknet aus. Die Kinder tollen über die Wiese und ruhen sich dann in meinem Schatten aus. Die Kinder klettern hoch in meine Krone. Wenn es zu gefährlich wird, lasse ich meine Äste zur Warnung knarren. Die Kinder haben in meinen Ästen ein Baumhaus gebaut. Mit dicken Seilen haben sie es festgebunden. Wie schön, dass sie mich dafür ausgesucht haben. Jetzt bleiben sie manchmal über Nacht bei mir.

Im Herbst lassen die Kinder ihre Drachen steigen. Der Wind jagt sie wild durch die Luft. Aber die Kinder passen auf, dass mir die Drachen nicht zu nahe kommen. Meine Blätter leuchten jetzt in den schönsten Farben, gelb, rot und braun.

Wenn die Herbststürme an mir zausen, muss ich sie alle fallen lassen. Die Kinder wühlen in dem Blätterhaufen. Sie suchen sich die schönsten Blätter aus und nehmen sie mit nach Hause.

Manchmal kommt auch ein weinendes Kind zu mir. Es kauert sich an meinen Stamm und erzählt mir, warum es so traurig ist. So erfahre ich die Sorgen der Kinder.

Es ist Winter geworden. Kahl stehe ich nun da. Im Nebel erscheine ich jetzt als schwarze Gestalt. Doch wenn er verzogen ist, zeigen sich die Misteln an meinen Ästen. Die Kinder nehmen sie mit. Und wenn ich in die Ferne schaue, sehe ich die Misteln an ihren Haustüren hängen.

Heute ist der erste Schnee gefallen. Die Kinder sind ganz aufgeregt. Bei der Schneeballschlacht muss ich als Deckung herhalten. Die Kinder haben riesigen Spaß dabei, und meiner dicken Rinde machen die Schneebälle nichts aus. Unter meinen Zweigen bauen die Kinder einen Schneemann. Keck streckt er mir die rote Rübennase entgegen. Aber ich weiß genau: In den ersten Sonnenstrahlen des Frühlings wird sein Stolz dahinschmelzen.

Eines Tages kommt ein Mann zu mir. Als er mit der Hand über meine Rinde streicht, erkenne ich ihn wieder. Er ist als kleiner Junge oft bei mir gewesen. Da weiß ich, es ist eine lange Zeit vergangen.

Mathias Karl

Max Ernst: Der berühmte Träumeschmied, 1954

Flügelschlagen

Atemberaubende Stille

Nebelschwaden

Tiefschwarze Nacht

Augen glühen

Schwingen gleiten lautlos

In eisiger Luft

Eulenschrei

Zilly, die Zauberin

Zilly, die Zauberin, wohnte in einem schwarzen Haus.
Das Haus war außen schwarz und innen schwarz.
In Zillys schwarzem Haus wohnte auch Zingaro,
ihr Kater. Er war ebenfalls schwarz.
Und das gab Probleme.

Wenn Zingaro auf dem Teppich lag und die Augen
offen hatte, konnte Zilly ihn sehen.
Das heißt, sie sah seine Augen.

Hatte Zingaro die Augen aber zu,
weil er schlafen wollte,
sah Zilly nichts mehr von ihm.
Und dann stolperte sie über ihn.

Eines Tages nach einem bösen Sturz,
beschloss Zilly, etwas zu unternehmen.
Sie schwang ihren Zauberstab,
und – ABRAKADABRA! –

Valerie Thomas

Hexen hexen

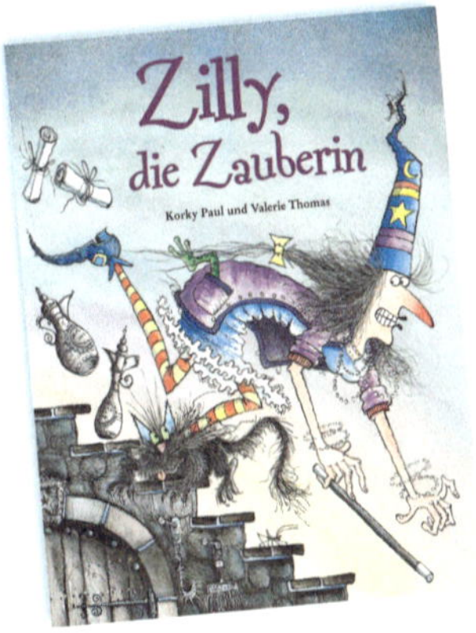

Doch mit Zillys Zauber ist ihr Problem noch lange nicht gelöst.
Welche Schwierigkeiten hat die verrückte Zauberin mit ihrem Kater Zingaro noch zu meistern?
Das erfährst du in diesen Büchern und in vielen weiteren Bänden dieser Reihe.

Die kleine Hexe von Otfried Preußler ist mit ihren 127 Jahren eine sehr junge Hexe. So gern möchte sie an der Walpurgisnacht der großen Hexen teilnehmen. Doch das ist verboten. Ihr Rabe Abraxas warnt sie. Ob alles gut geht, kannst du auf dieser Hör-CD erfahren.

Siehst du dir gern Filme an?
Die Geschichten über Hexe Lilly kannst du nicht nur lesen, sondern auch sehen.
Der Autor KNISTER hat viele Bücher über sie geschrieben.
Der Drache und das magische Buch wurde verfilmt.

Das kann ich

Ich kann gleiche oder ähnliche Figuren in verschiedenen Texten vergleichen. Zum Beispiel kommen Hexen in unterschiedlichen Texten vor.

Achtung! Spukzeit!

In der Nacht, in der Nacht,
wenn der bleiche Mond erwacht,
hört man vor des Schlosses Toren
grässlich grausliches Rumoren.
Eine Stimme zischelt: „Hier!
Schlossgespenster! Folget mir!
Es ist Spukzeit! Aufgewacht!
Horch! Gleich schlägt es Mitternacht!“

Da! Kaum hat es zwölf geschlagen,
geht’s dem Schlossherrn an den Kragen.
Denn schon flitzen sie herbei
mit Gewimmer und Geschrei!
Flattern wild durch Tor und Fenster –
hundertdreizehn Schlossgespenster!
Rumpeln, pumpeln, kichern, keuchen!
Bis sie – hui! – ganz schnell entfleuchen.
Schluss! Die Spukzeit ist vorbei.
Morgen spuken sie aufs Neu.

Roswitha Fröhlich

Gespenster basteln

Das brauchst du:

Watte, ein Stück weißen Stoff (10 × 10 Zentimeter), einen Bindfaden (etwa 40 Zentimeter), Wollfäden, eine Nadel, Klebstoff, ein Holzstückchen

So geht es:

① Zerschneide den Faden in vier gleich lange Teile. Forme aus der Watte eine Kugel.
② Lege den Stoff über die Kugel und binde sie ab. Das ist der Kopf deines Gespenstes.
③ Ziehe mit der Nadel einen Faden durch den Kopf nach oben.
④ Mache in die Stoffecken Knoten und binde um die Knoten Fäden.
⑤ Male das Gesicht auf.
⑥ Klebe die Wollfäden als Haare an.
⑦ Binde die drei Fäden von Kopf, rechtem und linkem Arm an das Stöckchen.

Her mit den Prinzen!

Es war einmal ein König, der hatte eine Tochter. „Wer den Drachen in unserem Land besiegt, darf die Prinzessin heiraten!“, ließ der König eines Tages verkünden.

Vor dem Schloss warteten zwei Prinzen. Einzeln wurden sie zur Höhle des Drachen geschickt.

„Ich habe das ewige Kämpfen satt!“, fauchte der Drache den ersten Prinzen an. „Immer nur kämpfen! Lass uns um die Wette laufen. Wenn du schneller bist, hast du gewonnen.“ Der Prinz war einverstanden. Sie rannten dreimal um einen Felsen herum. Aber schon nach der ersten Runde hatte der Drache den Prinzen überholt.

Zum zweiten Prinzen sagte der Drache: „Kannst du einen Handstand auf einer Hand? Wenn ja, dann hast du gewonnen!“ Der Drache machte es ihm vor. Der Prinz versuchte es. Aber er war viel zu ungeschickt und fiel auf die Nase.

Die Prinzen zogen davon und man hörte nie wieder etwas von ihnen.

Nach sieben Tagen kam ein dritter Prinz. Auch er wurde zum Drachen geschickt. Der Drache blickte neugierig aus der Höhle. Der Prinz sah ihn lange an. „Gegen einen Drachen mit so schönen Augen kämpfe ich nicht“, sagte er. Er drehte sich um und ritt zurück ins Schloss.

„Mit der Hochzeit wird es nichts“, sagte der Prinz zum König. Noch bevor der erstaunte König antworten konnte, wurde die Tür zum Schlosssaal weit aufgerissen. Der Drache stürmte in den Saal. „Hilfe! Wache! Zu Hilfe!“, rief der König. Der Drache nahm den Kopf ab – und die Prinzessin kam zum Vorschein. „Ich war der Drache!“, rief sie. „Kannst du schnell laufen und einen Handstand auf einer Hand?“, fragte die Prinzessin den Prinzen. „Na ja“, sagte der Prinz. „Es geht so.“ Die Prinzessin dachte kurz nach. „Macht nichts“, seufzte sie. „Ich mag dich trotzdem.“

Heinz Janisch

Aha
Seite 184

Die Trolle

Im Gebirge gibt es Trolle,
ungeschlachte, wilde, tolle!
Und sie heißen, wie man weiß:
Irxenknurz und Gschleiderkneis.

Alt sind sie vieltausend Jahre,
haben weiße Nebelhaare,
Kopf und Glieder wie aus Fels:
Hurax, Juch und Kraxengstelz.

Wenn die Donnerwetter blitzen,
sieht man sie im Regen sitzen
und sie lachen laut und wild:
Urbutz, Gruxenklach und Quillt.

Michael Ende

Aha
Seite 182

Minilexikon der Fantasiewesen

Troll
Ein Troll ist eine Figur mit gewaltiger Kraft. Der oft bucklige Körper eines Trolls ist Furcht einflößend. Er hat kurze, dicke Beine, aber lange Arme. Der Troll hat meistens wenige Haare oder sogar eine Glatze. Besonders gefährlich sind Trolle, wenn sie ihre Keule in der Hand halten.

Gespenst
Ein Gespenst oder Geist ist ein Wesen, das fliegen kann. Meist sieht es durchsichtig aus und hat keinen wirklichen Körper. Um Mitternacht, zur Geisterstunde, taucht es auf und spukt. Viele Gespenster hausen in alten Schlössern, Burgen oder Ruinen.

Drache
Der Drache (*lat.**: draco) ist ein reptilienartiges Ungeheuer. Es hat einen schuppigen Körper, Furcht erregende Krallen und Flügel. Viele Drachen können fliegen, andere schwimmen und manche spucken Feuer. Einige Drachen leben in dunklen Höhlen und bewachen kostbare Schätze.

Monster

Hexe

* aus der lateinischen Sprache

Das Monster vom blauen Planeten

Auf dem Planeten Galabrazolus lebte einmal ein Junge namens Gobo. Als Gobo zu seinem zweihundertsten Geburtstag ein Raumschiff geschenkt bekam, beschloss er, sich ein Erdenmonster zu fangen.

Früh am Morgen startete er von den silbernen Hügeln seines Planeten. Er flog an unbekannten Sonnen vorbei, wich den Feuerschwänzen von Kometen aus und schwebte schließlich im gelben Licht einer fremden Sonne über dem blauen Planeten Erde. Gobo schaltete sein RTS (Raumschiff Tarnsystem) ein und ließ sich langsam durch die Atmosphäre hinabsinken.

Erst als die fremde Sonne fast unterging, entdeckte Gobo, was er suchte – ein Erdenmonster. Gobo ließ sein Raumschiff sacht hinunterschweben. Als er genau über dem Kopf des Monsters schwebte, schaltete er den Fangstrahl ein. Als Gobo das Monster mit dem Fangstrahl in einen Käfig setzte, machte es furchtbare Geräusche.

Das kann ich

Ich kann von der Überschrift her vermuten, worum es in dem Text geht.

Er setzte seinen Übersetzungshelm auf, trat vorsichtig an den Käfig heran – und fuhr erschrocken zurück.
„Du widerliches Monster!“, schrie ihn das kleine Scheusal an. „Lass mich sofort hier raus!“
„Wieso Monster“, rief Gobo empört. „Du bist das Monster! Und von jetzt an bist du mein Haustier!“
„Was?“, fauchte das eklige bleiche Erdenmonster und rüttelte wütend an den Gitterstäben.

Dann hockte es sich plötzlich in eine Käfigecke und schluchzte los. „Ich will nach Hause!“
„Wie meinst du das, nach Hause?“, fragte Gobo ungläubig. „Monster haben kein Zuhause.“
„Du bist das Monster!“, schniefte das bleiche Wesen. „Und natürlich hast du keine Ahnung, was Zuhause heißt.“
„Unsinn!“, rief Gobo empört. „Mein Zuhause ist der Planet Galabrazolus. Er hat wunderbare silberne Berge und Meere, die wie buntes Glas schimmern.“
Das Erdenmonster hörte auf zu schluchzen und sah ihn erstaunt mit seinen zwei Augen an.

Cornelia Funke

Willst du wissen, wie es weitergeht?
Dann lies nach in **Das Monster vom blauen Planeten**

Quint Buchholz: Der Mann auf einer Leiter, 1992

Rätsel *Buch*

Ich nahm es, und ich trug es,
ich trug's zum Tisch und schlug es,
ich schlug es auf und las,
was ich herauslas, ließ
ich gerne noch für andre drin,
doch ist's in mir jetzt immerhin.

Josef Guggenmos

Zwei Bücher

Das eine versprach: „Ich mache dich klug,
in mir stehen Weisheiten mehr als genug."
Das andere meinte: „Ich mache dir Spaß."
Da las ich das Buch und las und las –
und las dann im klugen Buch weiter,
doch das lustige war viel gescheiter.

Hans Baumann

Lesen ist wie …

… reisen in eine andere Welt.

Ich lese am liebsten …
… an meinem Schreibtisch,
… auf der Couch,
… am Boden,
… im Bett, …

Ich höre jemandem
beim Lesen zu.
Das macht mir Freude.
Manches kann ich mir
dann vielleicht
auch besser vorstellen.

Wir sind ein Lesetandem.
Zusammen mit einem anderen Kind
kann ich ein Lesetandem bilden.
Wir lesen gemeinsam
denselben Absatz* im Buch.
Dabei muss jeder auf den anderen hören,
denn wir sollen gleich schnell
oder auch gleich langsam lesen.
So kann ich mein eigenes Lesen verbessern.
So lerne ich Texte besser zu verstehen.

* Seite 194

In der Bücherei

Geschichten, Sachtexte – der Klappentext* verrät, was im Buch steht.

* Seite 195

Urmel aus dem Eis

Am Strand der schönen Insel Titiwu wird ein Eisberg angeschwemmt. Ein Ei befindet sich darin! Professor Habakuk Tibatong und seine sprechenden Tiere brüten das Ei aus. Und heraus schlüpft – das Urmel!

Die Olchis und der blaue Nachbar

Die Olchis sind umgezogen. Diesmal auf eine ganz besondere Müllhalde. Da gibt es alles, was das Olchi-Herz begehrt: leere Bierdosen, gammelige Matratzen und ausrangierte Badewannen. Was es da aber am allermeisten gibt, das ist der blaue Nachbar …

Leben im Bienenstock

Benny Blu beobachtet mit dir das Leben der Honigbiene.
Wie kommt sie zur Welt? Wo wohnt sie?
Warum sticht die Biene?
Und wie kommt man an den Honig heran?

Das kann ich

Ich kann mich in einer Bücherei zurechtfinden.

Auf den Punkt gebracht

Unsere Haut ist von kleinen Punkten übersät: Sommersprossen und Muttermale. Sie machen uns einmalig. In der Sonne bildet deine Haut mehr Melanin: Dieser Stoff schützt die Haut vor der Sonne und macht sie dunkler – du wirst braun. Manche Hautzellen bilden mehr Melanin als andere. An diesen Stellen bekommst du Sommersprossen.

Wer hat mein Eis gegessen?

Ich saß auf einer Parkbank bei einer Brücke und überlegte hin und her: Wie soll ich bloß dieses Eis essen? Soll ich es nach und nach aufschlecken oder soll ich besser kleine Happen abbeißen? Wie kann ich es nur essen, ohne mich zu bekleckern?

Plötzlich sprang ein Ungeheuer unter der Brücke hervor und sagte: „Ich an deiner Stelle würde das Eis von unten nach oben schlecken. Auf die Art kannst du dich nicht bekleckern. Gib her, ich zeig' es dir!"

Doch als ich gerade das Eis von unten nach oben schlecken wollte, wie mir das Ungeheuer geraten hatte, da sprang plötzlich ein Drache unter der Brücke hervor und sagte: „Ich an deiner Stelle würde das Eis von oben nach unten schlecken. Auf die Art kannst du dich nicht bekleckern. Gib her, ich zeig' es dir!"

Doch als ich gerade das Eis von oben nach unten schlecken wollte, wie mir der Drache geraten hatte, da sprang plötzlich eine Nixe unter der Brücke hervor und sagte: „Ich an deiner Stelle …"

Doch als ich gerade das ganze Eis in einem einzigen Happen in den Mund stecken wollte, wie mir die Nixe geraten hatte, da … oh! Was war das? Da war für mich ja gar nichts mehr übrig geblieben! Nicht der kleinste Rest Eis!

Zeile 16 bis 21:

وَلَمَّا بَدَأْتُ بِكَدْشِ البوظَةِ كَدْشَةً واحِدَةً لِأَتْرُكَها تَذُوبُ
في فَمي كَما قالَتِ الحورِيَّةُ لي ... آآآه ... ماذا ...؟!!
لَمْ يَبْقَ لي شَيْءٌ، وَلا حتَّى لَحْسَة بوظَةٍ ...

Nur die Eiswaffel war noch übrig! Doch als ich gerade die Eiswaffel essen wollte, da sprang plötzlich ein Riese mit fünf Köpfen unter der Brücke hervor. Aber bevor er auch nur ein Wort sagen konnte, …

Rania Zaghir und Racelle Ishak

Rumpelstilzchen

Im Jahre 1812 haben die Gebrüder Grimm das Märchen von Rumpelstilzchen geschrieben, also vor mehr als 200 Jahren.*

* Seite 195

Über ein Jahr brachte die Königin ein schönes Kind zur Welt und dachte gar nicht mehr an das Männchen. Da trat es plötzlich in ihre Kammer und sprach: „Nun gib mir, was du versprochen hast.“ Die Königin erschrak, und bot dem Männchen alle Reichtümer des Königreichs an, wenn es ihr das Kind lassen wollte, aber das Männchen sprach: „Nein.“

Da fing die Königin so an zu jammern und zu weinen, dass das Männchen Mitleid mit ihr hatte und sprach: „Drei Tage will ich dir Zeit lassen, wenn du bis dahin meinen Namen weißt, so sollst du dein Kind behalten."

Nun dachte die Königin die ganze Nacht über an alle Namen, die sie jemals gehört hatte, und schickte einen Boten über Land, der sollte sich erkundigen weit und breit, was es sonst noch für Namen gäbe. Als am andern Tag das Männchen kam, sagte sie alle Namen, die sie wusste, nach der Reihe her, aber bei jedem sprach das Männlein: „So heiß ich nicht.“

Nach drei Tagen kam der Bote zurück und erzählte von einem kleinen Männchen im Wald, das um Feuer vor seinem Haus herumhüpfte und schrie:

> „Heute back’ ich, morgen brau’ ich,
> übermorgen hol’ ich der Königin ihr Kind;
> ach, wie gut ist, dass niemand weiß,
> dass ich Rumpelstilzchen heiß’!"

Brüder Grimm

Der Grüffelo

Die Maus spazierte im Wald umher.
Der Fuchs sah sie kommen und freute sich sehr.
„Hallo, kleine Maus, wohin geht die Reise?
Bei mir im Bau gibt's Götterspeise."
„Schrecklich nett von dir, Fuchs,
doch ich sag leider nein,
ich muss schon zu Mittag beim Grüffelo sein."

„Beim Grüffelo? Sag, was ist das für ein Tier?"
„Den kennst du nicht? Dann beschreib ich ihn dir:
Er hat schreckliche Hauer und schreckliche Klauen
und schreckliche Zähne, um Tiere zu kauen."
„Wo triffst du ihn denn?"
„Gleich hier, bei dem Stein.
Und Fuchsspieß zu Mittag, das fände er fein."

„Fuchsspieß? Nein danke!", rief darauf der Fuchs.
Er grüßte zum Abschied und flüchtete flugs.

„Wie dumm von dem Fuchs!
Er fürchtet sich so. Dabei gibt's ihn
doch gar nicht, den Grüffelo!"

Die Maus ging weiter im Wald umher.

Julia Donaldson

Seite 190

Das Buch **Der Grüffelo** gibt es in vielen Sprachen, zum Beispiel in Englisch, Italienisch oder Spanisch.

King-Kong, das Geheimschwein

King-Kong ist ein Meerschweinchen, das Jan-Arne geschenkt bekommen hat. Eigentlich darf er kein Tier haben, deswegen muss King-Kong geheim bleiben.

* eine Gruppe von Frauen, die sich trifft, um zu stricken

Es ist ein Glück, dass Mama dienstags immer ihren Strickkreis* hat. Sonst hätte sie King-Kong vielleicht entdeckt, als Jan-Arne ihn im Schuhkarton nach Hause gebracht hat. Aber jetzt ist sie weg und Jan-Arne kann den ganzen Nachmittag mit King-Kong im Kinderzimmer spielen.

„Guck, hier wohnst du jetzt, King-Kong“, sagt Jan-Arne und lässt King-Kong seine Spielsachen beschnuppern. „Bei mir, in unserem Zimmer. Das ist jetzt unser Zimmer, deins und meins.“ King-Kong fiept ein bisschen und verschwindet unterm Bett. Aber Jan-Arne kennt das ja schon. „Morgen hast du nicht mehr so dolle Angst, King-Kong, ehrlich nicht“, sagt er tröstend. „Morgen kennst du das alles schon besser.“

Da hört er, wie Mama die Tür aufschließt. „Sei bloß leise, King-Kong“, flüstert er. „Das hier ist dein Geheimversteck. Morgen erzähl ich Mama von dir. Und Papa. Aber heute noch nicht. Heute bist du noch ganz allein mein Geheimschwein.“ Und er geht auf den Flur und sagt Hallo zu Mama. So kommt sie wenigstens nicht auf den Gedanken, in sein Zimmer zu gucken. Das darf sie morgen wieder.

„Wer das wohl jetzt noch sein kann!“, sagt Mama, als es an der Wohnungstür klingelt. Es ist schon beinah Abendbrotszeit, da kommt sonst eigentlich nicht mehr so viel Besuch. „Ich mach schon auf!“, ruft Jan-Arne.

Vor der Tür steht Michi. „Na?“, sagt er und zieht die Nase hoch. Michi hat den ganzen Nachmittag draußen gespielt. Das sieht man. Alles an ihm ist matschig. „Na?“, sagt Jan-Arne auch. Er würde Michi schrecklich gerne King-Kong zeigen, aber das geht natürlich nicht. Nicht, solange Mama und Papa keine Ahnung haben.

„Wir essen jetzt Abendbrot!“, sagt er deshalb. „Du kannst nicht mehr rein! Tschüs!“ Aber Michi steht schon im Flur. Mit seinen dreckigen Gummistiefeln und allem. „Was war denn das vorhin, Mensch?“, fragt er. Dabei guckt er überall im Flur herum. „Was denn?“, fragt Jan-Arne, obwohl er genau weiß, was Michi meint. Das kann ja nur eins sein. „In dem Kasten“, sagt Michi. „Mit den Löchern drin. Das hat ja so gequietscht, Mensch, was war das denn?“ – „Nix“, sagt Jan-Arne schnell.

Jetzt dürfen bloß Mama und Papa nicht kommen, sonst fragen die nachher auch noch. Aber natürlich kommt Mama doch. Genau in diesem Moment. „Hallo, Michi“, sagt sie. Dann sieht sie seine Gummistiefel. „Die hättest du aber wirklich vor der Tür ausziehen können!“, sagt Mama. „Nun aber nichts wie raus!“

Michi macht einen Schritt auf die Wohnungstür zu. Wo vorher sein Fuß gestanden hat, ist jetzt ein nasser schwarzer Fleck.

„Ich wollte bloß mal das Tier angucken!“, sagt Michi maulig. „Nur ein einziges Mal.“ „Welches Tier denn?“, fragt Mama verblüfft. Jan-Arne hält sich an der Türklinke fest. Jetzt ist es passiert, denkt er. Gleich wissen sie Bescheid.

„Das aus dem Kasten!“, sagt Michi ungeduldig und zieht wieder die Nase hoch. „Das so quiekt, Mensch!“ Mama packt Michi an den Schultern und schiebt ihn energisch zur Tür. „Hier gibt’s keine Tiere“, sagt sie bestimmt. „In dieser Wohnung nicht. Und wenn du das nächste Mal kommst, bring ein Taschentuch mit und putz die Schuhe ab!“, und sie schiebt Michi nach draußen und macht die Tür zu.

Jan-Arne hält sich immer noch am Türgriff fest. Gleich wird Mama fragen. Das muss sie ja. Was das für ein Tier ist, von dem Michi geredet hat. Und Jan-Arne hat keine Ahnung, was er dann sagen soll. „Dieser Michi, wirklich“, sagt Mama und schiebt Jan-Arne beiseite, damit sie in die Küche gehen kann, „was der sich immer zurechtspinnt! Ein ulkiges Kind.“ – „Ja, nicht?“, flüstert Jan-Arne. Und dann saust er ab ins Kinderzimmer und guckt, ob King-Kong noch unter dem Bett hockt.

*Gerade noch einmal gut gegangen. Doch auch Papa hört das Rascheln und ist beunruhigt. Jan Arne hat eine Idee und tut so, als würde er schlafwandeln**. *Am nächsten Tag funktioniert Papas Rasierer nicht mehr. Kabel sind angeknabbert, die Eltern sind sauer und – King-Kong ist verschwunden. Plötzlich ertönt ein Schrei.*

* schlafen und gleichzeitig aufstehen und herumgehen, ohne aufzuwachen

Im Schlafzimmer steht Mama auf Papas Bett und hält den Staubsauger in die Luft. „Schnell, komm hoch!“, ruft sie, als Jan-Arne angerannt kommt. Sie streckt ihm ihre Hand entgegen.

Jan-Arne springt zu ihr aufs Bett. „Ich hab sie genau gesehen!“, sagt Mama. „Jetzt ist sie unter dem Kleiderschrank! Eine eklige schwarze Ratte!“ Jan-Arne stöhnt verzweifelt. Und diesmal ist das Stöhnen echt. Was soll jetzt bloß werden? Wenn Mama denkt, King-Kong ist eine eklige Ratte, kann sie ihn bestimmt nicht lieb haben. Irgendwas muss ihm jetzt einfallen, und zwar ganz schnell. „Vielleicht hast du dir das nur eingebildet?“, fragt Jan-Arne vorsichtig. „Im Fernsehen war mal ein Film, da war eine Frau, die hat …“ „Eingebildet?“, ruft Mama. Ihre Stimme ist jetzt ganz hoch und schrill. „Glaubst du, ich bin verrückt?

Ich erkenne doch eine Ratte, wenn ich sie sehe! Schwarz war sie und groß und fett …“ „Das stimmt ja gar nicht!“, ruft Jan-Arne. Aber dann schlägt er sich die Hand auf den Mund. „Stimmt gar nicht?“, schreit Mama. „Hast du sie etwa auch gesehen? Schwarz und eklig war sie und widerliche Zähne hat sie gehabt. Damit hat sie Papas Kabel durchgebissen! Und bestimmt hat sie in der Nacht auch geraschelt!“ Sie starrt Jan-Arne an.

Kirsten Boie

Eine Ratte? Hat Mama richtig gesehen?
Lies nach im Buch **King-Kong, das Geheimschwein.**
Kirsten Boie hat noch viele Abenteuer des Meerschweinchens beschrieben.
Schau in einer Bibliothek* nach.

* Seite 194

Bei der Arbeit

Kirsten Boie

Wie das denn so funktioniert mit dem Bücherschreiben, das will ich erklären. Gleich morgens, wenn meine Familie aus dem Haus gegangen ist, zur Arbeit und zur Schule, setze ich mich hin und fange an zu schreiben. Zu Anfang, wenn ich noch überlege, was in einem Buch überhaupt alles so passieren soll und welche Personen darin vorkommen, mache ich mir ganz viele Notizen mit der Hand. Wenn ich meinen Plan fertig gebastelt habe und endlich weiß, wie die Geschichte aussehen soll, dann setze ich mich doch an den Schreibtisch und schreibe jeden Tag ein paar Seiten.

Der schönste Augenblick ist bei jedem Buch natürlich, wenn es eines Tages (lange, nachdem ich mit dem Schreiben fertig bin) an der Haustür klingelt und die Post mir ein Päckchen bringt, und in dem steckt das allererste fertig gedruckte Exemplar*.

* Damit ist das erste gedruckte Buch gemeint.

Es gibt ja schon acht King-Kong-Bücher, da weiß ich gar nicht, ob es noch eins dazu geben muss. Ich habe aber von Kindern so viele tolle Vorschläge für neue King-Kong-Geschichten bekommen, dass ich vielleicht doch noch mal ein neues King-Kong-Buch schreibe. Aber nicht: *King-Kong, das Sparschwein.*

Kirsten Boie

Seite 190

Jerry Zeniuk: Farbe bekennen – Spuren hinterlassen (Ausschnitt), 2002

Wach sein

Wach sein,
das Leise hören,
das Kleine sehen,
das Feine spüren,
das Wesentliche sagen

Max Feigenwinter

Es ist nicht genug

Es ist nicht genug zu wissen,
man muss auch anwenden.
Es ist nicht genug zu wollen,
man muss auch tun.

Johann Wolfgang von Goethe

Der Seelenvogel

Tief, tief in uns wohnt die Seele.
Noch niemand hat sie gesehen,
aber jeder weiß, dass es sie gibt.
Und jeder weiß auch, was in ihr ist.

In der Seele, in ihrer Mitte,
steht ein Vogel auf einem Bein.
Der Seelenvogel.
Und er fühlt alles, was wir fühlen.

Wenn uns jemand verletzt,
tobt der Seelenvogel in uns herum;
hin und her, nach allen Seiten,
und alles tut ihm weh.

Wenn uns jemand lieb hat,
macht der Seelenvogel fröhliche Sprünge,
kleine, lustige, vorwärts und rückwärts,
hin und her.

Wenn jemand unseren Namen ruft,
horcht der Seelenvogel auf die Stimme,
weil er wissen will, ob sie lieb oder böse klingt.

Wenn jemand böse auf uns ist,
macht sich der Seelenvogel ganz klein
und ist still und traurig.

Und wenn uns jemand in den Arm nimmt,
wird der Seelenvogel in uns größer und größer,
bis er uns fast ganz ausfüllt.
So gut geht es ihm dann.

Sicher wollt ihr auch wissen, woraus der Seelenvogel besteht.

Das ist ganz einfach. Er besteht aus Schubladen. Diese Schubladen können wir nicht einfach aufmachen, denn jede einzelne ist abgeschlossen und hat ihren eigenen Schlüssel. Und der Seelenvogel ist der einzige, der die Schubladen öffnen kann. Wie? Auch das ist ganz einfach: mit seinem Fuß.

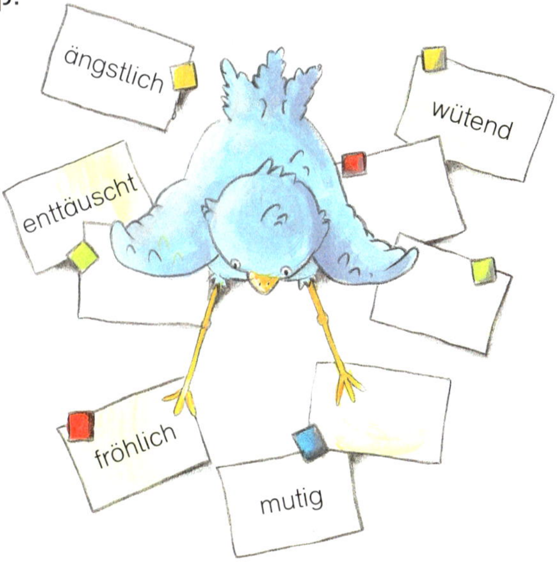

Der Seelenvogel steht auf einem Bein. Das Zweite hat er, wenn er ruhig ist, an den Bauch gezogen. Mit dem Fuß dreht er den Schlüssel zu der Schublade um, die er öffnen will, zieht am Griff, und alles, was darin ist, kommt zum Vorschein.

Und weil alles, was wir fühlen, eine Schublade hat, hat der Seelenvogel viele Schubladen. Es gibt eine Schublade für Freude und eine für Trauer. Es gibt eine Schublade für Eifersucht und eine für Hoffnung. Es gibt eine Schublade für Enttäuschung und eine für Verzweiflung. Es gibt eine Schublade für Geduld und eine für Ungeduld und eine Schublade für die geheimsten Geheimnisse.

Ihr könnt selbst wählen, was drin sein soll.

Michal Snunit

Aha Seite 188

Jeder Tag hat eine Farbe

Manche Tage sind gelb und manche sind blau.
Die Farbe *ändert* sich – und ich?
Heute steh ich,
und morgen steh ich Kopf.

Meine **kunterbunten** Launen
bringen mich zum Staunen.

Sind die Tage rot wie Glut,
fühle ich mich richtig gut.
Wie ein Pferd **werf** ich die Hufe,
nehme spielend jede Stufe.

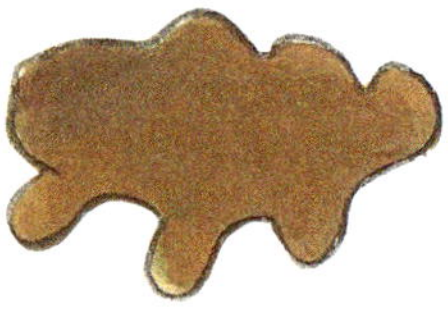

Manchmal ist ein Tag ganz braun,
keiner von den bunten.
Ich mag nicht aus den Augen schaun
und fühl mich **ganz tief unten.**

Dann kommt ein gelber Tag und summmmmmmmmmmmmmmmmmmm
wie eine Biene flieg ich rum.

Ein Tag, **orange voll Zirkuslaunen**,
lässt mich wie die Robbe staunen.

Ein grüner Tag – und mein Gefühl
wird gelassen, ruhig und kühl.
Wie ein Fisch gleit ich daher,
tief im *stillen*, **dunklen** Meer.

Ein Durcheinander-Tag
ist wild und bunt.
In mir drin geht's ganz schön rund.

Nach alledem wird endlich klar:
Ich bin und bleibe, wer ich war.
Die Farbe ändert sich,
doch ich bleib ich ich ich ich.

Dr. Seuss

Das kann ich

Ich kann Wörter in Bilder umsetzen.

Schreibe auf, welche Farbe dein Tag heute hat. Versuche, die Schrift zu gestalten.

Meine Tage sind

… erdbraun.
… veilchenlila.
… himmelblassblau.
… blauquadratfarben.
… himbeerbonbonfarben.
… vogelbeerorangegetupft.
… strahlendweißbuntgestreift.

Swimmy

Irgendwo in einer Ecke des Meeres
lebte einmal ein Schwarm kleiner,
aber glücklicher Fische.
Sie waren alle rot. Nur einer von ihnen
war schwarz. Sein Name war Swimmy.

Eines schlimmen Tages kam ein Thunfisch
in diese Ecke des Meeres gebraust,
ein schneller, grimmiger, überaus hungriger Bursche.
Der verschlang alle kleinen roten Fische
mit einem einzigen Maulaufreißen.
Nur ein Fisch entkam ihm. Das war Swimmy.

Erschrocken, traurig und einsam
wedelte der kleine Swimmy hinaus ins große, große Meer.

Zuerst sah Swimmy die Meduse, die Qualle.
Sie sah aus, als wäre sie aus Glas, und sie schillerte
in allen Farben des Regenbogens.

Dann sah Swimmy eine Art lebenden Schaufelbagger.
Das war der Hummer.

Bald aber war Swimmy
wieder heiter. Er durchschwamm
einen prächtigen Märchenwald.
Einen Wald aus Meeresalgen.

Aha
Seite 178
Seite 184

Swimmy kam aus dem Staunen nicht mehr heraus.
Ein Wunder schloss sich an das andere an.

Dann glaubte Swimmy jedoch
seinen Augen nicht zu trauen:

Er sah einen Schwarm
kleiner roter Fische.
Hätte er nicht gewusst,
dass sein eigener Schwarm
verschlungen und
verschwunden war,
er hätte die Fische
für seine Schwestern
und Brüder gehalten.

„Kommt mit ins große Meer!“, rief er ihnen munter zu.
„Ich will euch viele Wunder zeigen!“
„Geht nicht“, antworteten die kleinen roten Fische ängstlich.
„Dort würden uns die großen Fische fressen!“
Die Antwort der kleinen roten Fische machte Swimmy nachdenklich.

„Ich hab’s!“, rief er fröhlich.
„Lasst uns etwas ausprobieren!“

Leo Lionni

Seite 191

Lies im Buch **Swimmy** nach, welche Abenteuer der kleine tapfere schwarze Fisch besteht.

Die kleine Spinne

Vor langer Zeit war die Sonne an einer Seite der Erde befestigt. Auf der anderen Erdhälfte litten alle Lebewesen unter Kälte und Finsternis. Deshalb sandten die Tiere der kalten Seite ihre besten Krieger aus, um ein Stückchen von der Sonne zu rauben und es auf ihre Seite zu bringen. Der Wolf, der Bär, der Elch, sie alle versuchten ihr Glück, aber keiner schaffte es.

Die einen wurden von der Sonne in die Flucht geschlagen, die anderen vom gestohlenen Feuer grausam verbrannt. Diejenigen, die doch zurückkamen, brachten wegen des langen Rückweges nur einen erloschenen Klumpen mit. Schließlich verzweifelten die bibbernden Tiere der kalten Seite.

Eines Tages meldete sich bei einer Versammlung ein zartes Stimmchen zu Wort: „Ich werde es versuchen!“ Als die Tiere merkten, dass dies eine winzig kleine Spinne gesagt hatte, machten sich alle über sie lustig.

„Na, hör mal, du bist doch gar kein Krieger*! Wie kommst du darauf, dass du es schaffen könntest, wo doch die Größten unter uns gescheitert sind?“

* Damit wollen sie sagen, dass die Spinne kein starkes Tier ist.

Aber die Spinne machte sich trotzdem auf den Weg. Da sie so klein war, kam sie nur langsam voran. Ihr kleiner Wuchs war aber auch von Vorteil. So konnte sie sich nämlich unbemerkt an den Wächtern der Sonne vorbeistehlen. Sie nahm eine winzige Feuerkugel, formte eine Schale aus Lehm und hüllte sie in ein dichtes Spinnennetz, um das Feuer vor Wind und Kälte zu schützen. Dann trat sie den mühsamen Rückweg an. Und als sie nach langer Zeit auf der kalten Seite ankam, da brannte ihr Feuer noch immer.

Und kein einziges Tier, das sich nun wärmen konnte, vergaß jemals, dass dieses Glück einer winzigen Spinne zu verdanken war.

Michel Piquemal

Aha
Seite 188

Das kann ich

Ich kann mit anderen über einen Text sprechen und meine Meinung vertreten.

Vater erzählt von grünen Menschen

Mirle lag mit dem Bauch auf dem Fußboden und spielte mit ihrem Stoffpferd. „Wie war's in der Schule?“, fragte der Vater.

„Die Lehrerin hat gesagt, dass es Menschen mit ganz verschiedenen Hautfarben gibt.“

„Das ist noch nicht lange so“, sagte der Vater. „Früher waren die Menschen alle grün.“

„Waas“, kreischte Mirle, „grün?!“ Manchmal hielt sie ihren Vater für etwas verrückt. Der Vater lehnte sich im Sessel zurück, stopfte seine Pfeife und erzählte:

„Auf einer Weltbestimmerkonferenz saßen die Weltbestimmer beisammen und bestimmten: So kann es nicht weitergehen. Schluss mit dem Grün, wir brauchen verschiedene Hautfarben. Und warum verschiedene Hautfarben? Das kam so: Die Menschen auf der ganzen Welt waren grün. Sie hatten nicht nur grüne Haut, sondern auch grüne Haare. Und danach suchten sie auch die Farbe ihrer Kleidung aus. Welche Farbe war das wohl?“

„Gelb“, sagte Mirle. Der Vater sah sie an. „War 'n Scherz, Papa“, sagte Mirle, „natürlich grün, das wolltest du doch sagen, oder?“

„Ja, grün“, sagte der Vater. „Man kleidete sich sehr geschmackvoll Ton in Ton, alles in Grün. Hellgrün, dunkelgrün, sommergrün, herbstgrün. Andere Farben waren aus der Mode gekommen. Um die grüne Tischtennis-Platte versammelten sich grüne Menschen und dazwischen hüpfte der grüne Ball hin und her. Ein grünes Gewusel, man sah nur noch Grün vor Augen und manch ein Tischtennisspieler verlor bei dem vielen Grün den Verstand.“

„Wow“, sagte Mirle, die auf dem Fußboden herumturnte und gerade eine Kerze machte. „Wow.“

„Wenn“, so fuhr der Vater fort, „wenn an einem Sonntagnachmittag die Menschen in den Park strömten, um Federball zu spielen und zu grillen, waren sie kaum zu erkennen. Der Rasen war grün, das Laub der Bäume, die Sträucher. Das brachte Probleme. Wenn die Menschen aufeinander zukamen, erkannten sie sich gegenseitig häufig erst zu spät. Es gab ein Gerempel, ein Geschubse, ein Gefluche. ‚Können Sie denn nicht aufpassen, Sie Flegel‘, hörte man jemand rufen. ‚Selber Flegel‘, rief der andere dann zurück. Der Tumult war enorm.“

„Kann ich mir vorstellen“, lachte Mirle und probierte einen Spagat.

„Die Insekten dachten“, erzählte der Vater weiter, „die Menschen würden zum Park dazugehören, und ließen sich auf ihnen nieder. Ebenso die Vögel. So trugen die Parkbesucher die Vögel auf ihren Köpfen spazieren.

„Auch das Essen war grün“, fuhr der Vater fort. „Nicht nur die Erbsen, die Bohnen und der Salat. Man färbte auch andere Gerichte grün ein. Jetzt stell dir mal vor, du isst morgens grüne Brötchen mit grüner Erdbeermarmelade, mittags grüne Spaghetti mit grüner Tomatensoße und abends dann grüne Bratkartoffeln.“

„Iiiigitt!“ Mirle verzog das Gesicht und streckte die Zunge raus.

„Ja, genau“, sagte der Vater, „das fand niemand besonders schön. Im Gegenteil. Keiner mochte mehr essen. Überall herrschte Appetitlosigkeit. Und so setzten sich die Weltbestimmer zusammen, um das Problem zu lösen. Sie entschieden, dass es mit dem Grün ein Ende haben sollte.

Als Erstes sollte es mal unterschiedliche Hautfarben geben.

Dann wurde literweise Farbe angerührt,
alle Häuser kriegten einen neuen Anstrich,
es gab wieder Röcke mit Mustern drauf
und Blumensträuße in Rot, Gelb, Blau, Rosa und Orange."

„Und bunte Sachen wie mein T-Shirt!", rief Mirle
und hüpfte mit ihrem kunterbunten Hemd
mit den vielen Streifen drauf durchs Wohnzimmer,
hüpfte ihrem Vater auf den Schoß
und gab ihm einen Gutenachtkuss.

Dass die Lieblingsfarbe ihres Vaters Grün war,
das wusste Mirle schon lange. Aber dass er daraus
auch eine Gutenachtgeschichte machen konnte!

Im Bett betrachtete sie noch ein Weilchen
ihre Bettwäsche, auf der goldene Monde
auf blauem Hintergrund zu sehen waren.
Dann träumte sie
von einem grünen Eis,
das nach Vanille schmeckte.

Melanie von Bismarck

Gut, dass Menschen
unterschiedlich aussehen
und unterschiedliche
Begabungen haben.
Beschreibe Unterschiede.
Sprich mit deinem Partner.

Vater
Vater erzählt
Vater erzählt von
Vater erzählt von grünen
Vater erzählt von grünen Menschen.

Aha
Seite 188

Robert Delaunay: Rhythmus, Lebensfreude, 1931

Vom Frühling zum Winter

Vom Frühling zum Sommer,
vom Sommer zum Herbst,
vom Herbst zum Winter,
da braucht es viel Zeit.

Ganz langsam werden die Blumen bunt.
Ganz langsam werden die Birnen süß.
Ganz langsam fallen die Blätter ab.
Ganz langsam kommt über die Berge der Schnee.

Elisabeth Borchers

Bunt sind schon die Wälder

2. Wie die volle Traube aus dem Rebenlaube purpurfarbig strahlt!
Am Geländer reifen Pfirsiche mit Streifen rot und weiß bemalt.

Johann Gaudenz von Salis-Seewis
Melodie: Johann Friedrich Reichardt

Vogelabschied

Es kommt die Zeit,
es kommt die Zeit,
wir ordnen uns zu Zügen.
Wir müssen weit,
wir müssen weit,
und fliegen, fliegen, fliegen.

Es fällt so schwer,
es fällt so schwer,
zu scheiden, liebe Kinder.
Wir fürchten sehr,
wir fürchten sehr,
den Winter, Winter, Winter.

Bruno Horst Bull

Meehr!!

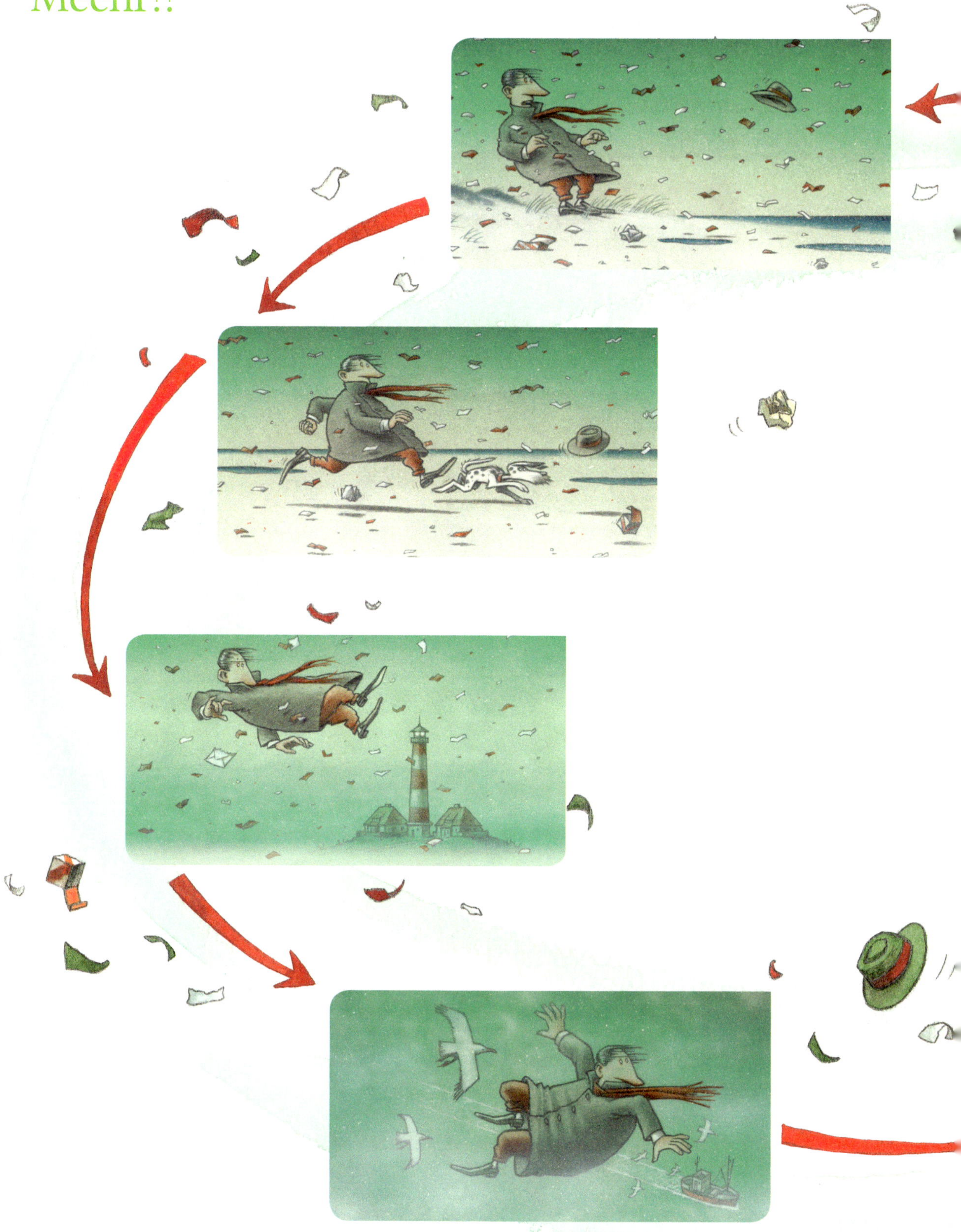

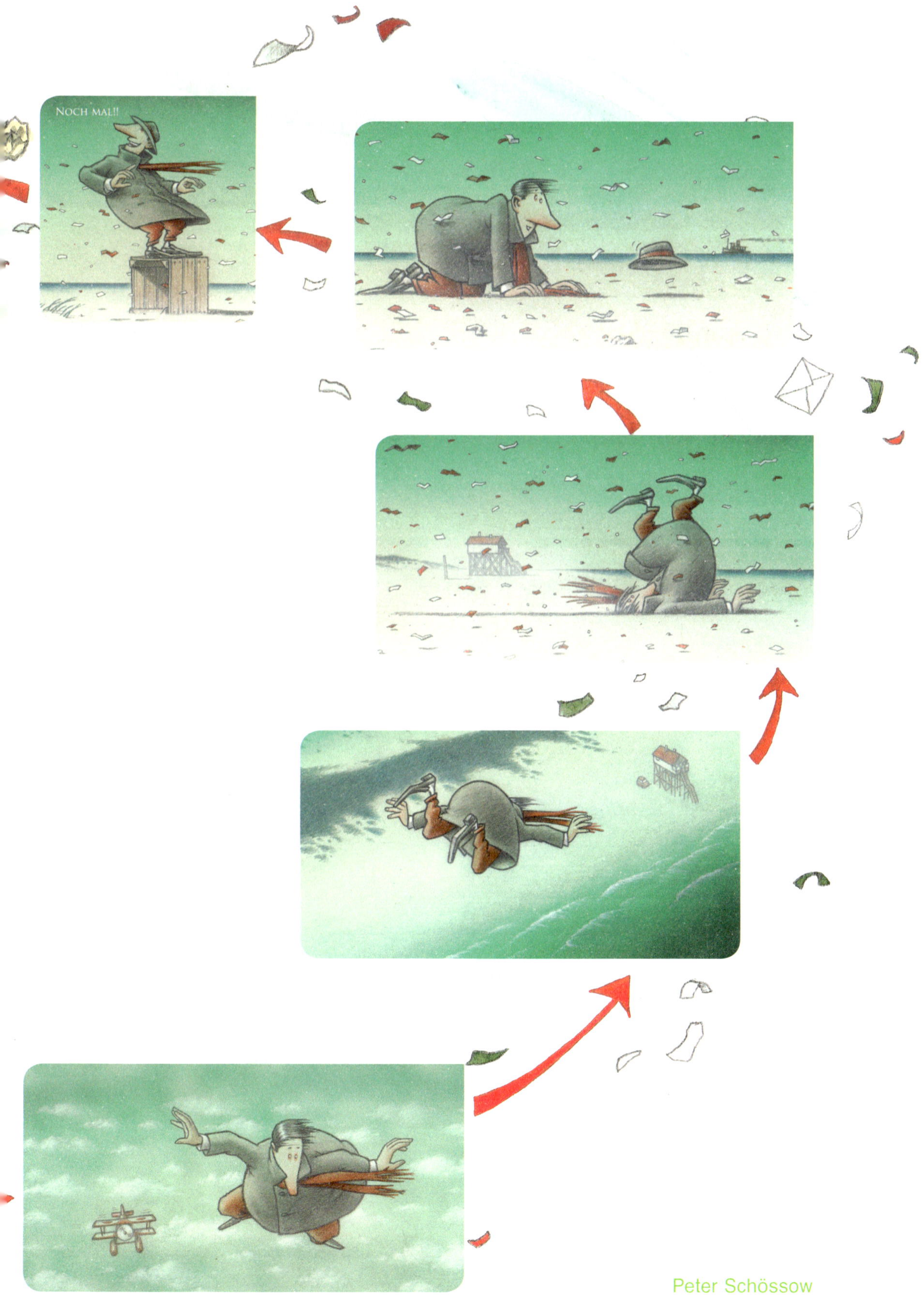

Peter Schössow

Rätsel vom Wind

Er hat keinen Mund und kann doch blasen,
heulen und pfeifen um Ohren und Nasen.
Er hat keine Beine und muss doch eilen
alle Tage hundert Meilen.
Er hat keine Hände und kann doch rütteln,
Haare zausen und Bäume schütteln,
wild mit Fenstern und Türen schlagen,
Drachen hoch in die Lüfte tragen.

Arthur Schoke

Was der Wind alles kann …

Herbst
Herbstwind
Herbstwindstoß
Herbst …

w w
d i
n n n
i d i d
w w

Eugen Gomringer

H üte fliegen
E rnte einbringen
R egen rauscht
B lätter fallen
S türme wehen
T iere ruhen

Der Papierdrachen

Ich segle stolz in blauer Höh'
und lache auf euch nieder.
Wenn ich die Welt von oben seh',
freut mich das Dasein wieder.
Ein ganzes Jahr musst' ich daheim
in einem Winkel liegen.
Nun aber darf ich glücklich sein,
darf fliegen,
fliegen,
fliegen.

Vera Ferra-Mikura

Wetterregeln

Fällt das Laub zu bald,
wird der Herbst nicht kalt.

Ist der Oktober warm und fein,
folgt ein scharfer Winter drein.
Ist er aber kühl und nass,
bleibt dann die Winterkälte blass.

Wenn im November die Sternlein leuchten,
lässt dies auf baldige Kälte deuten.

Ist es an Martini* trüb,
ist der Winter auch nicht lieb.

Viel Regen im November,
viel Wind im Dezember.

Weihnachten im Klee,
Ostern im Schnee.

* Sankt Martin am 11. November

Herbstnebel

Im Herbst gibt es oft Nebel, weil die Luft vom Sommer noch warm und feucht ist. Warme Luft kann mehr Feuchtigkeit speichern als kalte Luft. Wenn es also im Herbst kühler wird, kann die Luft die Feuchtigkeit nicht mehr halten. Es entstehen viele klitzekleine Wassertropfen. Das ist Nebel.

Nebel entsteht oft in der Nähe von Gewässern. Dort lässt die Sonne tagsüber Wasser verdunsten. In kalten Nächten – wie zum Beispiel im Herbst – werden auch die Böden kälter. Wenn darüber feuchte Luft streift, bildet sich Nebel. Weil kalte Luft nicht so viel Wasserdampf speichern kann wie warme Luft, werden aus dem Dampf dann winzigste Wassertröpfchen. Sie sind aber immer noch leicht genug, um in der Luft zu schweben, genau wie in einer Wolke. Nur sind die einzelnen Wassertröpfchen im Nebel noch winziger.

Veronika Baum, Kristina Dumas und Simone Wichert

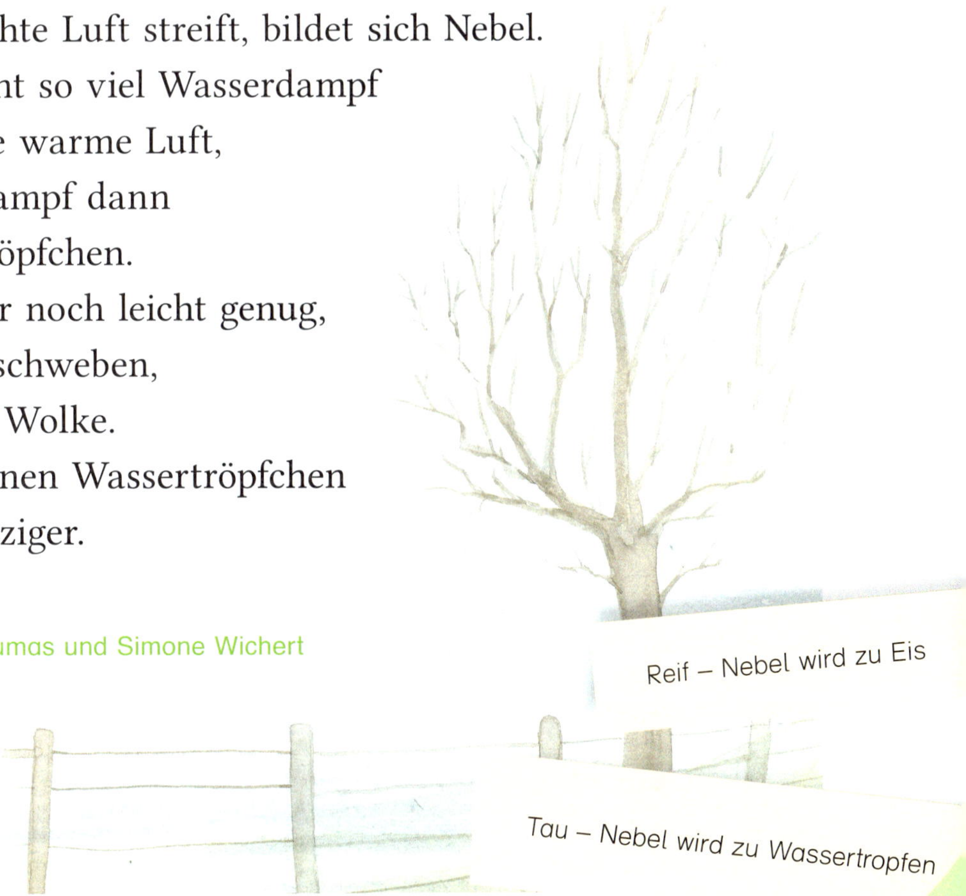

Martin und das Pferd*

Im Klassenzimmer sind viele Kinder. Alle lachen und rufen durcheinander. Es klingelt.

Frau Kremke *kommt herein, schließt die Tür und ruft:*
Los geht's. Ihr wisst, wir wollen die Martinsgeschichte für die Aufführung üben.

Eva *meldet sich:* Frau Kremke, dürfen wir Ihnen mal zeigen, wie wir das Haus spielen wollen?
Frau Kremke nickt.

Eva *zu Niko:* Komm mit vor!
Beide gehen nach vorn, stellen sich gegenüber, strecken beide Arme schräg hoch und berühren sich mit den Händen.

Frau Kremke Ja, das sieht gut aus. Wir brauchen mehrere Häuser.
Weitere Schüler kommen nach vorn und bilden Häuser.

Frau Kremke *schaut sich um:* Wo ist Michael? Der sollte doch den Bettler ...

Michael *ruft:* Ja, bin schon da.
Michael geht nach vorn und klopft an jedem Haus.
Er zeigt, dass er Hunger hat und bittet um Essen.
Überall wird er abgewiesen.
Schließlich sinkt er verzweifelt zu Boden.

Frau Kremke Ja, das ist gut. So kannst du das machen.
Sie sieht sich suchend um. Ihr Blick fällt auf Harald.

Frau Kremke Du bist der Martin. Du kommst die Straße entlanggeritten und siehst den Bettler am Boden. Du überlegst, wie du helfen kannst.

Harald Ja, und dann schenke ich dem Bettler die Hälfte von meinem Mantel.

* Jedes Jahr am 11. November feiern wir einen besonderen Heiligen: Sankt Martin. An diesem Abend ziehen Kinder mit Laternen durch die Straßen und singen Martinslieder. Sie erinnern damit an den heiligen Martin. Er teilte in einer kalten Nacht aus Mitleid mit einem Bettler seinen Mantel.

Frau Kremke *überlegt:* Wie machen wir denn das nun wieder?

Anne *meldet sich:* Frau Kremke, ich habe eine Idee! Wir nehmen zwei gleiche Jacken. Harald hält beide und tut so, als würde er sie in der Mitte zerteilen.

Frau Kremke *erstaunt:* Anne, das ist ja die Idee! Haben wir denn zwei gleiche Jacken?

Anne Ich habe die gleiche wie Lilo.

Frau Kremke Schnell, hol sie mal beide! Lilo, ist das in Ordnung für dich?

Lilo *nickt:* Aber nicht dreckig machen!

Anne läuft hinaus und kommt mit zwei Jacken wieder herein.

Frau Kremke Na prima! So, Harald, du kommst jetzt die Straße entlanggeritten

Harald *unterbricht sie:* Geritten? Dann brauch' ich noch ein Pferd.

Frau Kremke *deutet auf einen Jungen:* Das wäre doch etwas für dich!

Der Junge schüttelt den Kopf und setzt sich wieder hin. Sein Nachbar schubst ihn an und zeigt nach vorn.

Der Junge *schaut nach unten:* Ich spiele nicht mit. Das könnt ihr mit mir nicht machen.

Der Junge legt den Kopf auf den Tisch. Alle sind still und schauen auf ihn. Harald kichert.

Frau Kremke *geht auf den Jungen zu:* Was ist denn los?

Der Junge *springt wütend auf und ruft:* Der heißt Harald und darf den Martin spielen. Ich heiße Martin und soll das Pferd spielen. Ich bin doch kein Esel!

nach Rolf Krenzer

Seite 191

Aha Seite 184

Winteranfang

Nebel zieht über Feld und Wald,
die Nächte werden schwarz und kalt,
der Raureif haftet in Nadeln und Sternen,
und aus den Wolken, den himmelfernen,
tanzt das erste Flockenkind
mit dem Wind.

Karin Jäckel

Winter
Winter kommt
Winter kommt leis
Winter kommt flockenleis
Winter kommt flockenleis angeschneit
Winter kommt schneeflockenleis angeschneit
Winter kommt angeschneit
schneeflockenleis
leisleis

I woaß wos Neis!
Draußd is ois weiß.
Draußd is so koid,
vui Schnee liegt im Woid.

I woaß wos Neis!
Draußd is ois weiß.
Hoi an Schlitten, juhee!
Fahr im frisch gfoina Schnee!

Sammle andere Wintergedichte.
Gestaltet eine Gedichtewand.

Adventskalender

Etwa hundert Jahre ist es her, da schenkte eine Mutter ihrem Sohn einen Adventskalender. Auf ein Blatt Papier hatte sie 24 Kästchen gezeichnet. In jedem war ein kleines Gebäckstück befestigt. Das gefiel dem kleinen Gerhard Lang. Als er erwachsen war, stellte er ähnliche Kalender in großer Stückzahl her. Die Leute kauften sie begeistert. Sie bekamen einen Bogen mit 24 kleinen Bildern dazu, die ausgeschnitten und in die Kästchen geklebt wurden. Bis zum Heiligabend war das Bild auf dem Kalender fertig.

Die Fenster zum Öffnen kamen erst später dazu. Hinter ihnen wurden Bilder oder Süßigkeiten versteckt.

Diese Form ist immer noch beliebt, aber eine neue Form kommt dazu: Ein Haus wird zum Adventskalender. In Forchheim bei Nürnberg ist es das Rathaus mit seinen Fenstern. Täglich um 18.30 Uhr öffnet ein Engel ein Fenster. Auf diesen Moment warten auf dem Weihnachtsmarkt viele Leute.

Aha
Seite 172

Nikolaus

Vor vielen, vielen Jahren wurde in einer kleinen Stadt in der Türkei ein Junge geboren. Als er etwa so alt war wie du jetzt bist, starben seine Eltern. Sie hinterließen ihm viel Geld. Er verschenkte alles an die Armen. Später wurde er Bischof*. Er soll an einem 6. Dezember gestorben sein. Seitdem wird an diesem Tag an ihn gedacht.

* kirchliches Amt

In Deutschland besucht er die Kinder als Nikolaus und in den Niederlanden als Sinterklaas. In Luxemburg wird er Kleeschen genannt, in Dänemark Julemand und in Italien San Nicola.

Nikolaus,
komm ins Haus.
Hast geholfen in der Not,
hast gegeben Geld und Brot.
Heute warte ich gespannt auf dich.
Du beschenkst heut alle, nicht nur mich.

Du kannst ihm auch schreiben und bekommst Antwort von ihm.

Bräuche im Advent

In den ersten drei Adventswochen kann es am Donnerstagabend passieren, dass es an der Tür oder am Fenster klopft. Die Klöpfler sind da! Manche machen nur Lärm, manche singen auch oder spielen auf Instrumenten. Dann wünschen sie alles Gute. Als Dankeschön erhalten sie Obst, Plätzchen und Lebkuchen, mitunter auch Geld. Dieser alte Brauch war fast vergessen. Aber immer mehr Leute gehen wieder klöpfeln.

Aha
Seite 182

Klöpfellied

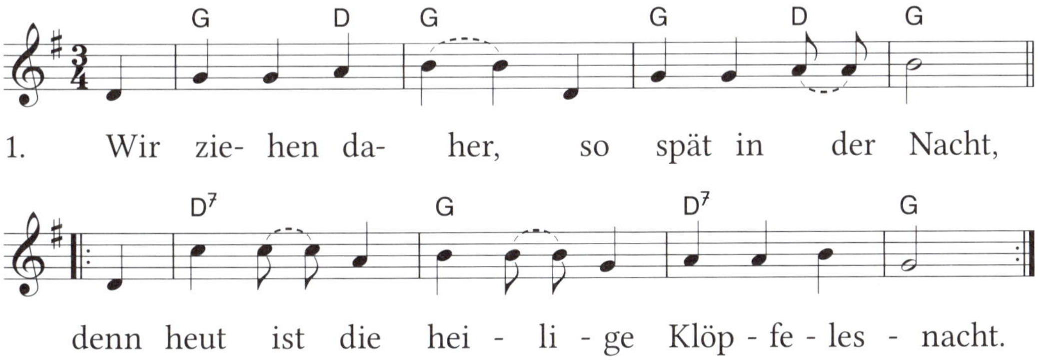

2. Wir wünschen dö Hausleit a glückselig's neu's Jahr,
a Christkindl, a Christkindl mit aufkrauste Haar!

Welche Bräuche kennst du noch? Beschreibe sie.

Es weihnachtet sehr ...

Die Tage werden immer kürzer und die Nächte immer länger. Gestern sind weiße Flocken vom Himmel gefallen. „Weihnachten steht vor der Tür“, sagt Mama. Was sie damit meint, ist schwer zu verstehen. Es steht niemand vor der Tür. Ich habe nachgeschaut.

„Alle Jahre wieder“, sagt Papa. Und ich? Was sage ich? „Miau!“, sage ich.

Weihnachten steht also vor der Tür. Und ich sehe nichts davon.

Dabei habe ich viel bessere Augen als die Menschen. Vielleicht ist Weihnachten unsichtbar.

Dafür sehe ich etwas anderes. Es ist ein Tannenbaum. Papa und Mama schleppen den Baum in die Stube. Sie wollen den Baum aufstellen, aber es geht nicht. „Er ist zu groß“, sagt Mama und schaut Papa an. „Ich muss ein Stück absägen“, sagt er.

„Kann ich bitte etwas zu essen haben?“, sage ich. Und sie verstehen bloß „Miauu“. „Dann will ich nach draußen“, sage ich und setze mich vor die Tür. Aber die Tür wird nicht aufgemacht. Eine Katze hat viel Geduld und kann lange sitzen bleiben. Aber irgendwann wird es dann doch zu langweilig.

Ich gehe in die Stube, um mich auf die Heizung zu legen. Aber ich komme nicht bis zur Heizung. Der Tannenbaum hat sich verändert. Er ist voll von bunten Sachen.

Aha
Seite 174

Besonders die roten Kugeln, die vor sich hin schaukeln, gefallen mir. Ich schleiche mich an. Ich ducke mich. Ich warte. Dann springe ich. Natürlich erwische ich die Kugel. Ich lande mit der Kugel auf dem Teppich. Im gleichen Augenblick passiert etwas, womit ich nicht rechnen konnte. Der ganze Tannenbaum fällt um. Der Lärm ist riesig. Scherben liegen am Boden. Ich verstecke mich hinter der Tür. Das kommt davon, denke ich. Wenn man einen Baum in die Stube stellt. Im Garten fallen Bäume nicht um. Auch nicht, wenn man raufspringt.

Schließlich schleiche ich aus meinem Versteck und schaue in die Stube. Sehr, sehr vorsichtig. Der Baum steht wieder an seinem Platz. Die Scherben sind aufgesammelt. Und unter dem Baum liegen viele, viele Päckchen. Jetzt haben sie sich alle zusammen aufs Sofa gesetzt und fangen an zu singen. Endlich ist es so weit. Sie stehen auf. Sie fangen an, ihre Päckchen auszupacken.

Mama geht in die Küche. Und die Tür bleibt offen. Endlich! Nichts wie raus, denke ich. Wie schön ist es in der Küche! So still. Und wie es duftet! Kann das sein? Rieche ich Lachs? Ich springe auf den Tisch. Und was sehe ich da? Ein paar Schüsseln mit Essen, wie meine Familie es gern hat. Und mitten drin ein großer weißer Teller mit rosa Lachs. Das muss mein Weihnachtspäckchen sein, denke ich. Wie gut er schmeckt, dieser Lachs! Ich glaube, so viel habe ich noch nie gefressen. Weihnachten ist doch nicht so schlimm, wie ich dachte. Von mir aus könnte jeden Tag Weihnachten sein.

Hanna Johansen

In aller Kürze ...?

A guats neus Jahr wünsch i dir halt nacha!
A guats neus Jahr wünsch i dir halt!
A guats neus Jahr wünsch i dir!
A guats neus Jahr wünsch i!
A guats neus Jahr!
A guats neus!
A guats!
A!
!

Christian Buck

Happy new year!

Mutlu yillar!

Buon anno!

Szczęśliwego nowego roku!

Das kann ich

Ich kann auch schwierige
Texte immer schneller lesen.

Caspar, Melchior und Balthasar

Am 6. Januar ziehen Kinder als Heilige Drei Könige verkleidet von Haus zu Haus. Sie schreiben den Segen für das neue Jahr an den Türbalken: C+M+B. Das ist die Abkürzung für „Christus mansionem benedicat“ und heißt: „Christus segne das Haus“.

Der Dreikönigstag in Spanien

Spanische Kinder glauben, dass in der Nacht auf den 6. Januar an jedem Haus die Heiligen Drei Könige vorüberziehen. Deshalb füllen sie ihre Schuhe mit Heu und Hafer für die müden Kamele und stellen sie vor die Tür oder vors Fenster. Sie hoffen, dass am nächsten Tag statt Heu und Hafer Geschenke darin liegen. Der Dreikönigstag ist ein ganz besonderer Festtag und wird in den Familien überaus groß gefeiert.

Wie wird der Dreikönigstag in anderen Ländern gefeiert? Tauscht euch darüber aus.

Fasching

Alles ist anders als sonst.
Jeder kann das sein,
was er gern möchte:
Elfe, Hexe, Alien, Feuerwehrmann,
Cowboy, Prinzessin oder ...
Das macht der Fasching. Helau!
Die Menschen wollten früher
mit bunter Verkleidung
und fröhlichem Lärm
den Winter vertreiben.
Bunt und laut geht es jetzt
immer noch zu.
Der Gaudiwurm* kriecht
durch die Stadt.
Tolle Kostüme sind zu sehen,
fantasievolle Masken ebenso.
Sie werden gebastelt oder geschminkt.

Fasching, der (*auch* die Fastnacht, der Karneval): dauert vom Dreikönigstag bis zum Faschingsdienstag, beginnt in vielen Orten schon am 11. 11.; Höhepunkt meist im Februar → die „Tollen Tage“:

- Unsinniger Donnerstag
- Rußiger Freitag
- Schmalziger Samstag
- Faschingssonntag
- Rosenmontag
- Faschingsdienstag

* Karnevalszug

Das kann ich

Ich kann etwas lesen, was auch im Lexikon stehen könnte.

Zum Schminken brauchst du:

- einen Spiegel,
- einen schwarzen Schminkstift,
- einen Schminkkasten mit Rot, Gelb, Blau, Weiß und Schwarz,
- einen Pinsel oder ein kleines Schwämmchen,
- einen roten Lippenstift,
- Watte, Allzwecktücher und Creme.

Bevor du mit dem Schminken beginnst, musst du wissen, wie man Farben mischt.

Entscheide dich für ein Schminkgesicht: zum Beispiel für eine Waldhexe, eine Sternenprinzessin, einen Vampir oder einen Clown.

Und so wird es gemacht:

① Stelle dich vor den Spiegel.
② Male mit dem schwarzen Schminkstift die Umrandungen auf dein Gesicht.

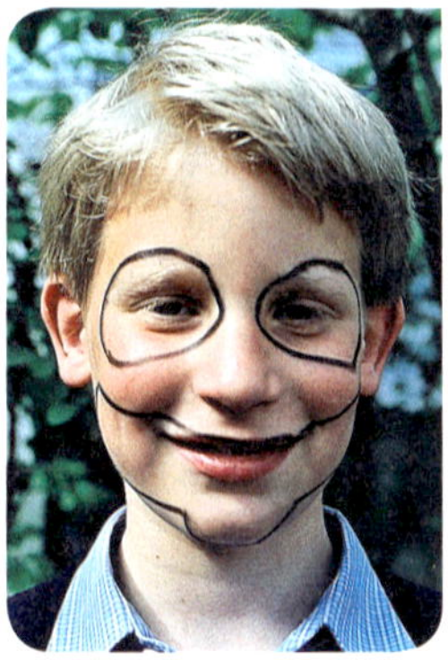
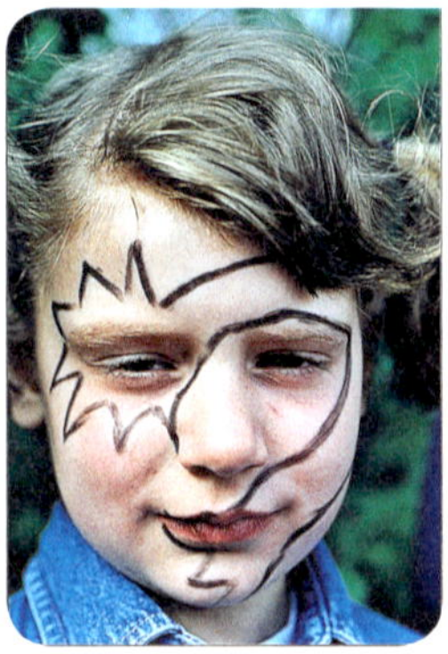

③ Male die Flächen sorgfältig farbig aus. Verwende dazu den Pinsel, den Finger oder ein Schwämmchen.

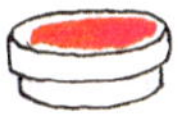

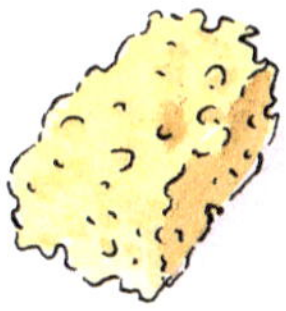

Zum Schluss kannst du die Lippen mit dem Lippenstift schminken. Du kannst mit dem Schminkstift oder dem Pinsel auch noch Punkte, Striche oder Wimpern aufmalen.

Vor dem Schlafengehen musst du dein buntes Gesicht mit Allzwecktüchern und Watte wieder abschminken. Mit der Creme geht die Farbe leicht weg.

Schneemannblock

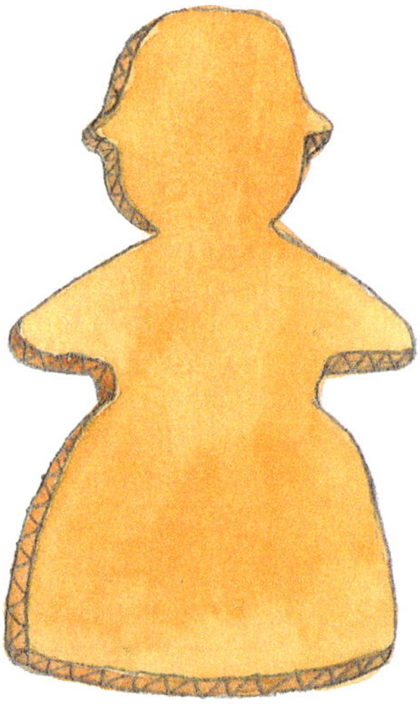

Du brauchst:

- Buntstifte,
- einen Klebestift,
- farbiges festes Kartonpapier für den Blockdeckel und für die Rückseite,
- Schreibpapier für die Blockseiten,
- eine Schablone aus sehr fester Pappe.

Für den Blockdeckel und für die Rückseite legst du die Schablone auf festes Kartonpapier, ziehst mit Bleistift die Umrisse nach und schneidest beides auf der Linie aus. Danach schneidest du die Blockseiten innerhalb der Linie aus dem Schreibpapier aus. Dadurch sind sie etwas kleiner als der Blockdeckel und die Rückseite.

Den Blockdeckel kannst du bunt gestalten. Dann klebst du den Blockdeckel, die Blockseiten und die Rückseite am Schneemannkopf übereinander.

Die Seiten werden wie bei einem Schreibblock von unten nach oben aufgeschlagen. Auf die Seiten schreibst du, was zum Schneemann passt und was dir gefällt.

Das kann ich

Ich kann eine Anleitung verstehen und danach etwas basteln.

Schnee, Schnee, Schnee

Schnee11chen

Weiß
drei Kugeln.
Möhre und Topf.
„Ich mach dich sehend!“
Augensteine.

Schneekristalle

Lege ein farbiges Blatt Papier
ins Gefrierfach des Kühlschrankes.
Wenn es schneit,
nimmst du eine Lupe mit hinaus
und lässt Schneeflocken
auf das Blatt fallen.
Auf dem kalten Blatt kannst du
den schönen Schneekristall
lange betrachten.

Schneekristall

Ein Schneekristall lag
mir auf der Hand, ewig
schön,
eine Sekunde.

Josef Guggenmos

Rätsel

Was steht da für ein Mann vorm Haus?
Der sieht so dick und kugelig aus.
Auf dem runden, weißen Kopf
trägt er einen alten Topf.
Möhrennase im Gesicht,
hält den Stock, bewegt sich nicht,
weint im warmen Sonnenschein.
Was für ein Mann mag das wohl sein?

Wanns im Februar

Wanns im Februar
ned friad und schneid,
na kimmd da Frost
zua Osterzeid.

Aha
Seite 168
Seite 186

Schreibe eigene Schneetexte.

Der Frühling

Mit duftenden Veilchen komm ich gezogen,
auf holzbraunen Käfern komm ich gebrummt,
mit singenden Schwalben komm ich geflogen,
auf goldenen Bienen komm ich gesummt.
Jedermann fragt sich,
wie das geschah:
Auf einmal
bin ich
da!

Mascha Kaléko

Aha
Seite 180

Haikus

Sonnengelb und blau.
Wind weht warm und watteweich.
Er streichelt mich zart.

Gezwitscher im Baum.
Das macht der Frühling mit Lust.
Mich macht er fröhlich.

Frühlingsrätsel

Es trägt ein Kleid aus Grün und Weiß,
schaut hervor aus Schnee und Eis.
Wenn der Wind sein Röckchen schwingt,
bald der erste Vogel singt.

Wenn ich nur wüsst, wer das ist,
der immer mit zwei Löffeln frisst.

Legt Eier in fremde Nester nur,
ruft jede Stunde aus der Uhr.

Erst weiß wie Schnee,
dann grün wie Klee,
dann rot wie Blut:
schmeckt allen Kindern gut.

Osterbräuche hier und dort

Ostern ist das wichtigste christliche Fest. Am Ostersonntag wird die Auferstehung Jesus gefeiert. Der Ostersonntag ist immer der erste Sonntag nach dem ersten Vollmond im Frühling. Rund um das Osterfest gibt es viele Bräuche.

Einer dieser Bräuche ist das Schmücken von Brunnen und Quellen. Wasser ist das Symbol des Lebens. Das Osterwasser wird vor Sonnenaufgang stillschweigend geschöpft und soll Schönheit und Gesundheit bringen.

In der Nacht zu Ostersonntag werden Osterfeuer angezündet. Das Feuer ist ein Symbol für die Sonne, ohne die das Leben nicht möglich wäre. Am Osterfeuer wird die Osterkerze angezündet, die in die Kirche und nach Hause gebracht wird. Früher wurde mit diesem Brauch die Vertreibung des Winters gefeiert und der Frühling begrüßt.

Kinder spielen an Ostern gerne Eierpecken: Zwei Ostereier werden aneinander gestoßen. Behalten darf der beide Eier, dessen Ei heil geblieben ist.

In Frankreich bleiben die Glocken von Gründonnerstag bis Karsamstag im ganzen Lande stumm. Erst am Ostersonntag läuten die Glocken aus Freude über die Auferstehung Christi wieder. Man erzählt sich, dass das Glockenläuten nach Rom geht, um den Papst zu besuchen. Bei seiner Rückkehr bringt es dann die Ostereier mit. Diese werden von den Kindern in die Luft geworfen. Das Erste, das auf den Boden fällt, verliert.

In Finnland schlägt man Freunde und Bekannte am Palmsonntag leicht mit einer Birkenrute auf den Rücken. Das soll Glück bringen. Am Ostersonntag ziehen die Kinder laut lärmend durch die Straßen Finnlands, verscheuchen den Winter und beenden so die dunkle Jahreszeit.

Am Ostersamstag wird in Polen ein Korb mit bemalten Eiern, Brot, Kuchen, Salz, Papier und weißen Würsten gefüllt. Am Ostersonntag wird er in die Kirche gebracht und dort gesegnet. Die Fastenzeit ist erst vorbei, wenn dieser Korb gesegnet ist. Eine weitere Ostertradition in Polen ist am Ostermontag der Brauch, sich mit Wasser zu bespritzen.

Kennst du andere Osterbräuche?

Das Ostertier

Es ist bestimmt ein paar hundert Jahre her,
da wusste man noch nicht, wer den Kindern
zu Ostern die Ostereier bringen sollte.
Deshalb kamen die Tiere des Waldes,
des Feldes und des Bauernhofs zusammen,
um das Ostertier zu wählen.
„Wir, wir, wir!“, riefen alle.
Es war ein schrecklicher Lärm.
Also, einer nach dem andern!

„Wir als Osterschnecken“, riefen die Schnecken,
„wir kennen alle Plätze und können die Eier
am besten verstecken!“

„Und wenn ihr damit fertig seid,
ist es bestimmt schon Weihnachten.
Osterschnecken, so was Dummes!“

Da schlichen die Schnecken beleidigt davon.

„Wir als Osterhühner“, riefen die Hühner,
„wir verstehen am meisten vom Eierlegen.“

„Und dann setzt ihr euch womöglich drauf
und wollt sie ausbrüten.
Osterhühner, Unsinn!“

Da scharrten die Hühner verlegen
und gingen heim.

Aha
Seite 174

Doch wie den Osterschnecken und den Osterhühnern,
so ging es auch den übrigen Tieren.
Die Fische waren zu nass als Osterfische.
Die Gänse würden als Ostergänse ihren Schnabel
nicht halten können und alles verraten.

Alle waren sie beleidigt und flogen, trotteten,
schwammen und watschelten nach Hause.

„Wir, wir, wir!“, riefen am Schluss noch die Hasen.
Dann sahen sie sich verwundert um.
Da war kein anderes Tier mehr,
das „Nein! Blödsinn!“ oder Ähnliches rief.
Da war sonst überhaupt niemand mehr.

„Osterhase, das klingt gut!“

Norbert Landa

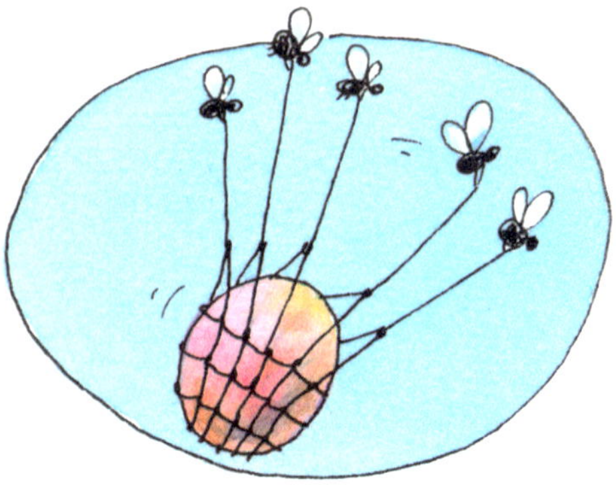

April! April!

Morgenssonne
mittagsschnee
unddannwieder
sturmoje
einmalregen
plötzlichheiß
soeinwetter
niemandweiß
wasderunfug
wirklichsoll
istdieweltdenn
plötzlichtoll
gottseidankweiß
jedeskind
esistder A
PRIL derspinnt

Walter Mahringer

Kalte Ohren

Kalte Ohren, rote Nase,
Schnupfen hat der Osterhase.

Nase läuft. Und wie! O weia!
Gibt's nun keine Ostereier?

Anne Steinwart

Eine Muttertagskarte

Das brauchst du:

- roten Fotokarton DIN A4
- weißes oder rosafarbenes Seidenpapier
- Schere und Klebestift
- weißes Papier, Stifte

So geht es:

① Falte den Fotokarton in der Mitte.

② Zeichne das Herz auf.
Die linke gerade Linie liegt dabei genau in der Faltkante.

③ Schneide das Herz aus.

④ Zerreiße das Seidenpapier
und forme viele kleine Kügelchen.

⑤ Klebe die Papierkügelchen außen auf die Karte.

⑥ Gestalte die Innenseite der Karte zum Beispiel
mit einem Gedicht, einem Gutschein,
einem Foto oder mit einem Brief.

Bernhard Lins: Was der Sommer alles macht, 1991

Juli

Am besten ist die Heckenrosenzeit
Da ist der Himmel rosa und hellblau
Da ruft der schöne Pfau die Pfauenfrau
die Tage machen sich ganz lang und breit.

Die Sonne geht nicht schlafen, nickt nur ein
Sie ist im nächsten Augenblick schon wieder da
Die Vögel halten Hochzeit, rufen Ja,
Ein Jubeln und ein Zwitschern und ein Schreien.

Ich laufe barfuß durch das weiche Gras
auf meinem Rücken fühle ich das warme Licht.
Die Heckenrosen duften und sie stechen nicht
Und wenn es regnet, werde ich nicht nass.

Jutta Richter

Anna Maria Sibylla Merian: Buschrose, 1679

Zeichne oder fotografiere eine Rose.

Tolle Tüte

Die Eisdiele „Tolle Tüte“ ist wieder geöffnet! Anna sieht es sofort.
„Ich möchte ein Eis“, sagt Anna. „Himbeer, Zitrone und Schokolade.“
Mama schüttelt den Kopf. „Für Eis ist es noch viel zu kalt.“
Oma sieht Mama an. „Als du so alt warst wie Anna, wolltest du auch immer Eis.“
„Weiß ich nicht mehr“, sagt Mama. „Aber ich bin mir sicher, dass ich Eis immer erst im Sommer bekommen habe.“
Oma schüttelt den Kopf. „Gar nicht wahr! Du hast jedes Jahr behauptet, Eis schmeckt im Frühling am besten. Und ich habe es dir geglaubt.“
„Tatsächlich?“ Mama denkt nach.

Dann sagt sie: „Malaga, Vanille und Erdbeere mochte ich am liebsten.“
„Also ich hätte nichts gegen ein Eis“, sagt Oma und verschwindet in der Eisdiele.

Als sie ein paar Minuten später herauskommt, hat sie drei Waffeltüten mit Eis.
„Einmal Malaga, Vanille und Erdbeere für Mama!“, sagt sie.
„Einmal Himbeer, Zitrone und Schokolade für Anna!
Einmal Aprikose, Vanille und Stracciatella für mich!“

Sie lachen und lecken.
„Tolle Tüte!“, sagt Oma.
„Tolle Oma!“, sagt Anna.
„Stimmt beides!“, sagt Mama.

Ingrid Uebe

Aha
Seite 176

Eis am Stiel

Es waren einmal ein 11-jähriger Junge, ein Glas Limo und ein ziemlich kühler Abend in San Francisco im Jahr 1905. Bei dem Glas Limo handelte es sich um ein Gemisch aus süßem Brausepulver und Wasser. Der Junge Frank Epperson vergaß sein halb volles Glas an diesem Abend draußen auf der Veranda. Die Temperaturen sanken auf unter null Grad Celsius. Als Frank Epperson am nächsten Morgen auf die Veranda ging, war sein Limonadenmix am Rührstab festgefroren. Das Eis am Stiel war geboren. Bestimmt hat der kleine Frank Epperson damals noch nicht geahnt, wie weltberühmt und heiß geliebt seine Erfindung einmal werden würde.

Ursel Böhm

Kirscheis	Strand	Affenhitze	Ferien
Kirscheis	Strand	Affenwitze	Ferien
Kirscheis	Strand	Affenhitze	Ferien
Kirscheis	Strand	Affenhitze	Ferien
Kirscheis	Sand	Affenhitze	Freien
Kircheneis	Strand	Affenhitze	Ferien

Das kann ich

Ich kann das Wort finden, das nicht in die Reihe passt.

Ich spür den Sommer in den Händen

Ich spür den Sommer in den Händen
die Wassermelone in dicken Scheiben
Ich spür den Sommer in den Beinen
wie der Wind sause ich los
Ich spür den Sommer unter den Füßen
er liegt überall
Ich spür den Sommer im Kopf
lange Träume und helle Abende
Ich spür den Sommer im Mund
er schmeckt nach Eis

Giusa Quarenghi

Kindersand

Das Schönste für Kinder ist Sand.
Ihn gibt's immer reichlich.
Er rinnt unvergleichlich
Zärtlich durch die Hand.

Weil man seine Nase behält,
Wenn man auf ihn fällt,
Ist er so weich.
Kinderfinger fühlen,
Wenn sie in ihm wühlen
Nichts und das Himmelreich.

Joachim Ringelnatz

Kinderjahr Haiku

Wilde Attacke
Haut, Auge, Nase und Ohr
Kratz mich am Rücken

Rotraut Susanne Berner

Sommer – Sonnenwörter

Sonnenöl Sonnenuhr
Sonnendach Sonnensegel
Sonnenstrahlen Sonnenblumenöl
Sonnenterrasse Sommergewitter
Sonnenkraftwerk Sonnenstich
Sonnenbrand Sommerblumen
Sonnenwind Sonnenfinsternis
Sommersonnwende Sommerferien
Sommerfrische Sommerfest

Blaue gegen Rote

Jeder entscheidet sich für eine Autofarbe.
Legt einen Zeitraum fest,
zum Beispiel 5 Minuten.
Jeder zählt die entgegenkommenden Autos,
die seine Farbe haben.
Welche Farbe war am häufigsten?

M-MF 334

Mama macht Faxen.
Moni mag Fische.

D-SD 721

Dackel sind doof.

Eine Sommernacht im Zelt

Sophia, Maxi, Lisa und Lukas sind Cousins und Cousinen. Wegen eines Theaterbesuchs verbringen die Kinder das Wochenende zusammen. Aber wo sollen so viele Gäste schlafen: Im Zelt! Wenn vier Kinder zusammen im Zelt übernachten, dann wird es bestimmt nicht langweilig. Es wird lustig, spannend – und vielleicht sogar etwas gruselig.

Beim zweiten Versuch klappt's, das Zelt steht. Nach dem Abendessen holen die Kinder Luftmatratzen, Kissen und Decken. Dann noch ihre Kuscheltiere und ein paar Spiele. Und natürlich eine Taschenlampe, denn es dämmert schon. Mama und Papa schauen noch mal, ob alles in Ordnung ist. „Alles klar“, sagt Lukas und zieht den Reißverschluss am Zelteingang zu.

Sie spielen, unterhalten sich und Lukas erzählt eine gruselige Vampirgeschichte, die aber keiner so recht glaubt.

Während sie noch herumblödeln, sagt Lisa plötzlich: „Seid mal still, ich hör was!“ Draußen raschelt es. Die Kinder horchen – und hören Schritte! „Da ist jemand“, flüstert Lukas. „Vielleicht ein Vampir“, flüstert Maxi. „Du bist ...“ – „Pssst !“, zischt Lisa.

Sie lauschen wieder nach draußen. Die Schritte kommen näher. Jetzt steht der Jemand genau vor dem Zelt. Er knipst eine Taschenlampe an und macht sich am Zelteingang zu schaffen.

Die Kinder atmen kaum noch. Plötzlich wird der Reißverschluss hochgezogen.

Der Lichtschein huscht über die erstarrten Gesichter. „Ich bin's", sagt Papa.

Die Kinder können vor lauter Schreck noch gar nicht reden. „Tut mir leid, wenn ich euch erschreckt habe", entschuldigt sich Papa. „Aber ich habe vorhin jemanden um Hilfe rufen hören. Da wollte ich nachsehen, ob alles in Ordnung ist."

Es war alles in Ordnung und alle Kinder wollten unbedingt die Nacht auch weiterhin im Zelt verbringen.

„Sollen wir etwas spielen?", fragt Lisa. Weil niemand eine bessere Idee hat, spielen sie *Mensch ärgere dich nicht.* Lukas legt die Taschenlampe so hin, dass das Spielfeld beleuchtet wird. Bald stehen die ersten Kegel auf dem Feld und werden von den Mitspielern gejagt. Obwohl das Spiel *Mensch ärgere dich nicht* heißt, ärgert sich vor allem Maxi furchtbar, wenn einer seiner Kegel hinausfliegt.

Mitten im spannendsten Spiel beginnt draußen ein Höllenkrach. Die Kinder starren mit großen Augen und offenen Mündern ins Dunkle. Sie hören wildes Fauchen, Gurren, Zischen und Jaulen. „Was ist das?", flüstert Sophia.

„Ich ..., ich glaube“, beginnt Lisa, „das ..., das sind Katzen, die miteinander kämpfen.“ Lukas nickt. „Genau“, flüstert er, „aber so laut hab ich das noch nie gehört.“

Dann ist auf einmal wieder Ruhe.

„Mann, das war, als hätten Löwen miteinander gekämpft“, murmelt Lukas.

„Löwen gibts doch nur in Afrika“, brummt Maxi.

„Zum Glück“, sagt Sophia, „sonst würde ich nicht im Zelt schlafen.“

Am nächsten Morgen ...

Mama und Papa schleichen auf leisen Sohlen in den Garten.

Vor dem Zelt bleiben sie stehen und lauschen.

„Sie scheinen noch zu schlafen“, flüstert Mama.

Papa zieht den Reißverschluss hoch und schaut ins Zelt.

Eng aneinander gekuschelt liegen die vier auf den Matratzen.

„Weck sie nicht auf“, flüstert Mama, „wahrscheinlich haben sie heute Nacht nicht viel geschlafen.“

In diesem Augenblick dreht Lukas sich um und stößt dabei Maxi den Ellbogen in die Seite. „He, pass doch auf!“ – „’tschuldigung“, nuschelt Lukas.

„Was ist denn?“, grummelt Lisa ins Kissen. „Morgen ist es“, sagt Papa. „Ein Sonntagmorgen wie aus dem Bilderbuch.“ „Deswegen frühstücken wir heute hier draußen im Garten“, ergänzt Mama. Lukas ist sofort hellwach. „Super, ich habe Hunger.“ – „Und ich erst“, sagt Maxi. Die Eltern stellen den Klapptisch und die Campingstühle auf. Dann tragen sie alles heraus, was zu einem leckeren Frühstück gehört. Inzwischen stehen die Kinder auf und gehen nacheinander ins Bad. „Das ist wie im Urlaub“, stellt Sophia fest, als alle am Tisch sitzen.

Während des Frühstücks fragt Mama: „Wie war denn die Nacht im Zelt?“ Sofort erzählen die Kinder, was alles passiert ist. „Habt ihr da keine Angst gehabt?“, möchte Mama wissen. „Nööö“, ruft Lukas. – „Na ja ...“, sagt Lisa. „Ein bisschen schon“, gibt Maxi zu. „Und ihr seid trotzdem nicht ins Haus gekommen.“ Papa nickt anerkennend. „Ich weiß nicht, ob ich mich das in eurem Alter getraut hätte.“ Sophia, Maxi, Lisa und Lukas grinsen sich an. Noch so einem Lob schmeckt das Frühstück schließlich gleich noch mal so gut!

Aha
Seite 174

Manfred Mai

Eine Sommernacht im Zelt – so heißt auch ein Kinderbuch von Manfred Mai. Wenn dir diese Geschichte gefallen hat, kannst du dir das Buch besorgen. In dem Buch erleben die vier Kinder noch mehr lustige und spannende Geschichten. Schon beim Aufstellen des Zeltes müssen sie lachen. Oder Lukas erzählt eine schauerliche Vampirgeschichte und der Vater eilt nachts zum Zelt. Bist du neugierig geworden?

Manfred Mai hat viele Geschichten für Kinder geschrieben. Informiere dich.

So übe ich mit anderen lesen

Aha
Wenn ich mit anderen das Lesen übe, wird mein Lesen besser und schneller.

1 überlegen — Ich überlege, was ich üben will.

2 Partner wählen — Ich suche mir einen oder mehrere Partner.

3 überlegen — Wir überlegen, wie wir üben wollen.

4 üben — Wir üben zusammen.

Üben – mal so, mal anders

Abwechselnd in der Gruppe lesen
Ihr bildet Gruppen mit drei bis vier Kindern.
Ihr teilt den Text in so viele Absätze*,
wie ihr Gruppenmitglieder seid.
Jedes Kind bereitet seinen Absatz vor.
Ihr lest euch nacheinander die Absätze vor.

* Seite 194

Der Nächste bitte!
Ihr bildet Gruppen mit drei bis vier Kindern.
Ein Kind beginnt, laut vorzulesen.
Die anderen Kinder lesen leise mit.
Nach einigen Sätzen ruft das Kind ein anderes auf.
Nun darf dieses weiterlesen.
Jeder muss eifrig mitlesen,
denn vielleicht ist er der Nächste.

Leser und Zuhörer
Zwei Kinder haben zusammen einen Text.
Zuerst liest das eine Kind einige Sätze vor
und das andere Kind hört zu.
Dann liest das andere Kind einige Sätze vor
und das erste hört zu.

- Afrika hinter dem Zaun, Seite 48–49
- Osterbräuche hier und dort, Seite 152–153

So bereite ich mich auf das Lesen vor

Aha

Wenn ich mir schon vor dem Lesen Gedanken zum Text mache, fällt mir das Lesen leichter.

1 
hinsetzen

Ich setze mich so hin, dass ich den Text genau sehe.

2 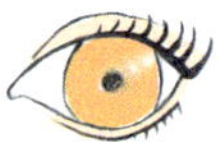
anschauen

Ich schaue die Überschrift und die Form des Textes an. Ich betrachte dabei auch die Bilder.

3 
vermuten

Ich mache mir Gedanken, um was es in diesem Text gehen könnte.

4 
überlegen

Ich überlege, ob ich schon etwas zum Thema weiß.

Detektivgeschichten

Max allein zu Hause
Neulich war ich
allein zu Hause.
Meine Eltern waren einkaufen.
Und ich guckte heimlich
einen Krimi. Wie immer.
Als es richtig spannend wurde,
klingelte das Telefon. …

Antonia Michaelis

Auf ins Weltall!

Rakete
Beklebe eine Rolle mit roten
und weißen Papierstreifen
und setze eine Raketenspitze darauf.
Dann klebe einen Streifen Wellpappe
und kleine Dreiecke aus Wellpappe
an den unteren Rand der Rolle. …

① Schneide für die Raketenspitze einen Kreis aus Tonpapier aus. Schneide aus dem Kreis ein Dreieck heraus.
② Schiebe die Kanten übereinander und klebe sie fest.
③ Mit einer Büroklammer kannst du die Kanten festhalten, bis der Klebstoff getrocknet ist.

Sabine Lohf

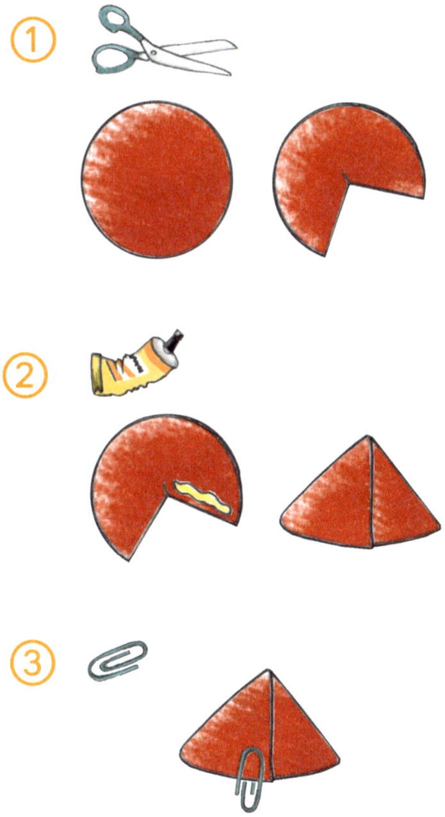

• Schule beginnt, Seite 16
• Fröschchen auf der Klemme, Seite 58–59

So lese ich einen Text

Aha

Wenn ich weiß, was ich beim Lesen nacheinander tun muss, verstehe ich den Inhalt eines Textes leichter.

1 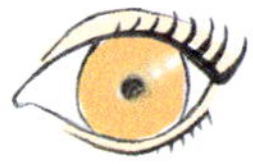
anschauen

Ich schaue mir den Text wie ein Bild an.

2 
nachschlagen

Ich lese den Text leise durch
und kläre unbekannte Wörter.

3 

verstehen

Ich lese jeden Absatz mehrere Male,
bis ich ihn verstanden habe.

4 
überlegen

Ich lese den gesamten Text noch einmal
und überlege, ob ich alles verstanden habe.

Die Steinerne Brücke in Regensburg

Als die Brücke vor sehr langer Zeit gebaut wurde, soll der Teufel dabei geholfen haben. Dafür verlangte er die drei Seelen, die als Erste über die Brücke gehen würden, wenn sie fertig ist. Eigentlich wären das der Baumeister und seine zwei Gehilfen gewesen.
Aber der pfiffige Baumeister jagte eine Henne, einen Hahn und einen Hund über die Brücke. So überlistete er den Teufel. Das berichtet eine Sage. Doch Sagen erzählen nicht immer die reine Wahrheit.

Wahr ist, dass die Brücke in nur elf Jahren im Auftrag der reichen Kaufleute der Stadt gebaut wurde. Sie war etwa 800 Jahre lang der einzige Übergang über die Donau zwischen Ulm und Wien. Auf 16 Fundamentfüßen ruhen steinerne Rundbögen, mit denen die wohl älteste Steinbrücke Deutschlands auf etwa 315 m Länge den Fluss überspannt.

- Das Monster vom blauen Planeten, Seite 98–99
- Herbstnebel, Seite 135

So lese ich einen Text gut betont vor

Aha

Wenn ich weiß, wie ich einen Text sinnvoll betont vorlese, gelingt mir mein Vortrag besser.

1

lesen

Ich lese den Text leise mehrmals durch.

2

Pausen machen

Ich achte auf die Satzzeichen und mache dort, wo ich Pausen machen soll, ein Pausenzeichen*.
für kurze Pausen: /
für lange Pausen: //

3

unterstreichen

Ich überlege, welche Wörter ich besonders betonen möchte. Diese unterstreiche* ich.

4

üben

Ich übe alleine oder mit einem Partner mehrmals das laute Vorlesen.
Wir überprüfen, ob die Pausen und die Betonung passen.

5

überlegen

Jeder liest dem anderen vor und wir überlegen gemeinsam:
Was hat uns gut gefallen?

* Schreibe bitte nichts in dieses Buch. Lass dir eine Kopie des Textes geben, in den du etwas eintragen möchtest.

Nicht neugierig //

„Ich zeig' dir was! / Komm schnell heran!" /
so rief das Krokodil mich an. //
„Ja, du da dort, sei nicht so faul, /
steck deinen Kopf mir tief ins Maul, /
dann siehst du meinen Weisheitszahn!" //

„O ungeheures Urvieh du, /
klapp ohne mich dein Fresszeug zu. //
Ich sag dir ein für allemal: /
Dein Dummheitszahn ist mir egal." //

Josef Guggenmos

- King-Kong, das Geheimschwein, Seite 107–110
- Eine Sommernacht im Zelt, Seite 164–167

So lesen wir mit verteilten Rollen

Aha

Wenn wir einen Text gekonnt mit verteilten Rollen vorlesen, hören alle gern zu.

1. 

   lesen

   Ich lese den Text leise durch.

2. 

   überlegen

   Ich überlege, welche Figuren in dem Text vorkommen. Ich markiere*, was die Figuren sagen.

3. 

   besprechen

   Wir besprechen, wer welche Figur übernimmt.

4. 

   überlegen

   Ich überlege, wie die Figur ihre Sätze spricht: Ist sie traurig, fröhlich, wütend oder …?

5. 

   vorlesen

   Ich lese meine Sätze vor, wenn ich an der Reihe bin.

* Markiere bitte nichts in diesem Buch. Lass dir eine Kopie des Textes geben, in dem du etwas markieren möchtest.

Nur für einen Tag

Anna liegt im Bett. Papa kommt ins Zimmer. Er hat ein Buch in der Hand.

„Nicht vorlesen“, sagt Anna, „lieber erzählen!“

„Erzählen?“ Papa runzelt die Stirn. „Also da war einmal eine Familie, der ging es gar nicht schlecht. Trotzdem hatte der Vater manchmal schlechte Laune. Nämlich wegen der Arbeit. Und wenn die Tochter dann Quatsch machte, anstatt sich ordentlich die Zähne zu putzen, dann konnte es sein, dass er mit ihr schimpfte.“

„Das ist gar keine Geschichte“, sagt Anna, „das ist ja von uns! Und überhaupt ist Schule auch Arbeit. Wenn du’s nicht glaubst, geh doch selber mal hin!“

„Das geht wohl leider nicht“, sagt Papa.

„Und warum nicht?“, fragt Anna „Wir können doch morgen tauschen.“

„Tauschen?“

„Ja, du gehst in die Schule und ich geh ins Büro. Nur für einen Tag.“

Manfred Mai

• Bär und Biene, Seite 62–63
• Her mit den Prinzen!, Seite 94–95

So male ich zu einem Text

Aha

Wenn ich zu einem Text male, kann ich ihn leichter in der richtigen Reihenfolge erzählen.

1  lesen

Ich lese den Text leise durch.

2  überlegen

Ich überlege, was wichtig ist und was ich zu dem Text malen oder basteln könnte.

3  überlegen

Ich überlege, was ich dazu brauche und richte meinen Arbeitsplatz her.

4  erzählen

Ich stelle Text und Bild nebeneinander und erzähle dazu.

Der Luftballon

Ich habe einen runden,
knallroten Luftballon.
Halt ich ihn fest in Händen,
fliegt er mir nicht davon.

Seine Schnur ist dünn und zierlich,
man kann sie fast nicht sehn.
Mein Luftballon, er scheint fast
selbst in der Luft zu stehn.

Die Sonne lässt ihn leuchten
wie einen Feuerball,
er flimmert und er schimmert
so hell wie ein Kristall.

Ich lass ihn endlich fliegen,
das findet er so schön!
Schon ist er in den Wolken.
Und ruft: Nie Wiedersehn!

Max Kruse

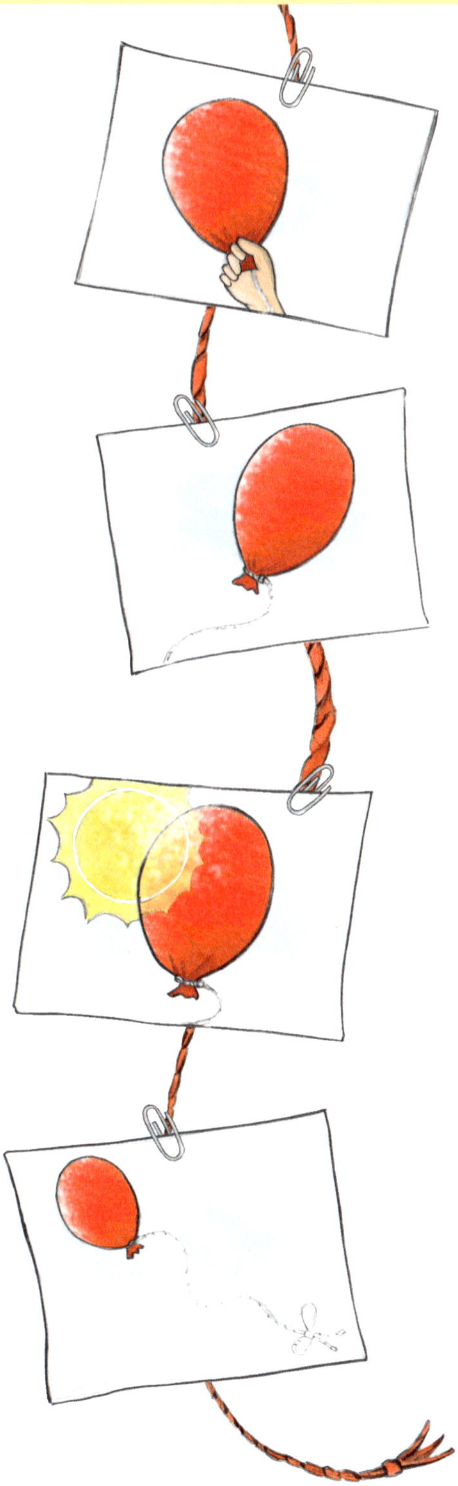

- Schwerstarbeit, Seite 44
- Die Kinder und der alte Baum, Seite 86–87

So lerne ich ein Gedicht auswendig

Aha

Wenn ich mir zu einem Gedicht Bilder und Bewegungen ausdenke, kann ich es leichter und mit weniger Aufregung vortragen.

1 
lesen

Ich lese das Gedicht leise durch.

2 
nachdenken

Ich stelle mir vor, was in dem Gedicht passiert.

3 
überlegen

Ich überlege mir Bewegungen dazu.

4 
vorlesen

Ich lese das Gedicht laut vor. Dabei denke ich an die Bilder und mache die Bewegungen dazu.

5 
üben

Ich übe so lange, bis ich es auswendig kann.

Sterne

Ganz weit in der Ferne
stehen am Himmel die Sterne.
zählen kann man die nie,
auch wenn sie im Dunkeln
noch so hell funkeln.

Den großen da drüben
hab ich besonders gern.
Der ist mein Lieblingsstern.
Er bringt mir nämlich Glück.
Und winke ich ihm zu,
blinzelt er zurück.

Hans und Monique Hagen

• Juli, Seite 159
• Kindersand, Seite 162

So begleiten wir einen Text mit Geräuschen

Aha

Beim Vorlesen können wir Geräusche und Klänge einsetzen, die gut zu dem Text passen. So hören alle aufmerksam zu und sind neugierig, wie es weitergeht.

1  lesen — Wir lesen den Text leise durch.

2  überlegen — Wir überlegen zusammen, welche Geräusche und Klänge zum Text passen.

3 TEST ausprobieren — Wir probieren die Geräusche und Klänge aus.

4  üben — Ich übe allein oder mit einem Partner.

5  präsentieren — Wir präsentieren unsere Darbietung vor einem Publikum.

Mein Glück

Draußen kreischt
die Straßenbahn.
Drüben grölt
ein Blödian.
Über mir
tobt ein Klavier,
nebenan
ein Hundetier.
Unten
dröhnt das Radio,
und das Wasser
rauscht im Klo.
In der Küche
pfeift der Topf.
Und ein Hammer
übt klopf-klopf.
Doch mir macht das
gar nichts aus –
denn ich bin ja nicht
zu Haus!

Max Kruse

- Die durstige Krähe, Seite 60
- Achtung! Spukzeit!, Seite 92

So spielen wir zu einem Text

Aha
Wenn wir zu einem Text spielen, dann können sich die Zuschauer die Geschichte gut vorstellen.

1  lesen

Wir lesen den Text leise durch.

2  überlegen

Wir überlegen:
- Welche Figuren kommen vor?
- Was sagen die Figuren?
- Was tun die Figuren?

3  besprechen

Wir besprechen, wer welche Figur spielt und was wir fürs Spielen brauchen.

4  üben

Jeder übt, was er sprechen und tun muss.

5  präsentieren

Wir spielen zum Text.

Besuch

Fritz ist heute zu Besuch auf einem Bauernhof.
Der Bauer geht mit ihm zusammen in den Kuhstall.
Vor einer Kuh bleiben sie stehen.
Der Bauer fragt ihn:
„Fritz, hast du schon einmal gesehen,
wie ein Kälbchen geboren wird?“
Fritz schüttelt den Kopf:
„Nein, noch nie!“
Der Bauer erklärt:
„Also zuerst kommen die Vorderbeine,
dann der Kopf, dann die Schultern und der Körper.
Zuletzt kommen die Hinterbeine.“
Verwundert schaut der Junge den Mann an:
„Und wer baut die ganzen Teile dann zusammen?“

Es spielen mit:
Fritz, Bauer, Kuh

Das brauchen wir:
Kopf, Schultern, Körper

- Swimmy, Seite 118–119
- Sankt Martin und das Pferd, Seite 136–137

So führe ich ein Lerntagebuch

Aha

Wenn ich ein Lerntagebuch führe, lerne ich mich selbst einzuschätzen, und sehe meine Fortschritte im Lesen.

1  überlegen

Ich überlege, was ich üben will.

2  auswählen

Ich wähle einen Text aus.

3  auswählen

Ich wähle eine Aha-Seite aus und lese nach, wie ich vorgehen muss.

4  üben

Ich übe das, was ich mir vorgenommen habe.

5  einschätzen

Ich trage es den anderen vor und schätze mich ein.

Ich lerne – eine Auswahl

Das kann ich zum Beispiel üben: Pausen machen /

Simon legte sich den Ball vor / und rief im Laufen: /
„Aufgepasst, Jojo! / Jetzt kommt eine Vorlage
für dich.“ /
Damit meinte er mich.

Unsere Mannschaft hält zusammen

Ich heiße Johannes.
Jeden Nachmittag spiele ich Fußball.
Vor ein paar Wochen passierte
etwas Verrücktes. Harry rief:
„Jetzt macht doch mal einen
richtig guten Angriff auf mein Tor!
Wetten, dass ich den Ball halte?“

„Das werden wir ja sehen“, sagte Wanja.
Von weit hinten kickte Wanja den Ball Katrin vor die Füße.
Die spielte den Ball Simon zu.
Simon legte sich den Ball vor und rief im Laufen:
„Aufgepasst, Jojo! Jetzt kommt eine Vorlage für dich.“
Damit meinte er mich.

Aha So geht es leichter

So lese ich einen Text gut betont vor

Aha
Wenn ich weiß, wie ich einen Text sinnvoll betont vorlese, gelingt mir mein Vortrag besser.

1 lesen – Ich lese den Text leise mehrmals durch.

2 Pausen machen – Ich achte auf die Satzzeichen und mache dort, wo ich Pausen machen soll, ein Pausenzeichen.
für kurze Pausen: /
für lange Pausen: //

3 unterstreichen – Ich überlege, welche Wörter ich besonders betonen möchte. Diese unterstreiche ich.

4 üben – Ich übe alleine oder mit einem Partner mehrmals das laute Vorlesen. Wir überprüfen, ob die Pausen und die Betonung passen.

5 überlegen – Jeder liest dem anderen vor und wir überlegen gemeinsam: Was hat uns gut gefallen?

Schreibe bitte nichts in dieses Buch. Lass dir eine Kopie des Textes geben, in den du etwas eintragen möchtest.

Das kann in meinem Lerntagebuch stehen:

Das habe ich gelesen: **Willi lernt**

Ich habe die Wörter verstanden:

😃 🙂 😐 🙁

Ich habe den Inhalt verstanden:

😃 🙂 😐 🙁

So kann ich es:

😃 Ich kann es ausgezeichnet.

🙂 Ich kann es gut.

😐 Ich muss noch etwas üben.

🙁 Ich muss noch viel üben.

- Florian sagt: „Nein!“, Seite 66–67
- Die Hecke im Jahreslauf, Seite 82–83

So sprechen wir über einen Text

Aha

Wenn ich über einen Text spreche,
verstehe ich den Inhalt besser,
übe meine Meinung zu vertreten
und lerne auch andere Meinungen kennen.

1 
lesen

Ich lese einen Text mehrmals leise durch und versuche, mir den Inhalt zu merken.

2 
schreiben

Ich kann das aufschreiben, was mir wichtig ist.

3 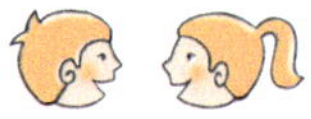
besprechen

Ich suche mir ein anderes Kind, das den Text kennt, und wir sprechen über unsere Gedanken dazu.

4 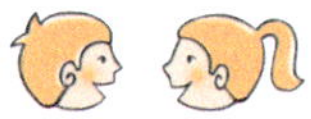
besprechen

Wenn mehrere Kinder den Text kennen, wechsle ich nach einer vorgegebenen Zeit den Gesprächspartner.

Doppelkreis

Blättere im Lesebuch hin und her.
Wähle Texte, Bilder oder Geschichten aus,

- die dir gefallen,
- die spannend sind,
- die seltsam sind,
- die dir Wissenswertes vermitteln oder
- die dir neue Dinge verraten.

Ich überlege:

- Was gefällt mir an der Geschichte?
- Was weiß ich schon darüber?
- Ist der Inhalt interessant?
- Was bedeutet dieser Text für mich?

Sprich mit anderen Kindern darüber – das ist wie lautes Denken.

- Geburtstagszauber bei Banja, Seite 47
- Jeder Tag hat eine Farbe, Seite 116–117

Kirsten Boie

Kirsten Boie wurde in Hamburg geboren. Bevor sie anfing, Bücher zu schreiben, arbeitete sie als Lehrerin an einem Gymnasium. Sie adoptierte mit ihrem Mann einen kleinen dunkelhäutigen Jungen und blieb längere Zeit zu Hause. Bereits für ihr erstes Buch, *Paule ist ein Glücksgriff,* erhielt sie viele Preise. Es ist die Geschichte über einen adoptierten Jungen. Kirsten Boie reist oft ins Ausland und hält Vorträge. Inzwischen hat sie über 100 Bücher geschrieben. Kinder lieben ihre Juli-Bilderbücher, den kleinen Ritter Trenk, die King-Kong-Kinderbücher und viele andere.

Nadia Budde

Nadia Budde machte eine Lehre als Gebrauchswerberin und studierte an der Kunsthochschule in Berlin-Weißensee. Sie malt gerne Bilder mit Wörtern. Für ihr erstes Bilderbuch, *Eins Zwei Drei Tier,* hat sie den Deutschen Jugendliteraturpreis gewonnen. Ihre Bilder entstehen mit Bleistift, schwarzer Tusche und Pinsel oder manchmal mit schwarzem Stift. Am Computer bearbeitet sie diese weiter. Ihre Ideen holt sie sich am liebsten beim Joggen.

Julia Donaldson

Julia Donaldson wird vor allem wegen ihrer Grüffelo-Figur zu den erfolgreichsten Autorinnen* von Kinderbüchern gezählt. Sie begann ihren Beruf zunächst mit dem Schreiben von Liedern für das Kinderfernsehen. Sie lebt in Glasgow in Schottland und kommt regelmäßig nach Deutschland, um aus ihren Büchern vorzulesen. Meist wird sie dann von dem Illustrator** Axel Scheffler begleitet. Er hat die Geschichten vom Grüffelo gezeichnet. Die Grüffelo-Bücher sind in über 30 Sprachen erschienen.

* Seite 194
** Seite 194

Zoran Drvenkar

Zoran Drvenkar ist in Kroatien geboren. Mit drei Jahren verließ er mit seinen Eltern das Land. Jetzt lebt er in der Nähe von Berlin in einer ehemaligen Kornmühle. Er liebt die Kälte und sagt, er sei ein Winterkind, denn als er im Juli geboren wurde, lag tatsächlich morgens Schnee. Die Ideen für seine Geschichten nimmt er von überall her. Sie haben viel mit seinem Leben und den Menschen um ihn herum zu tun. Zoran Drvenkar schreibt für Kinder, Jugendliche und Erwachsene und mag es gar nicht, wenn man Bücher so einteilt.

Rolf Krenzer

Rolf Krenzer war viele Jahre Rektor der Otfried-Preußler-Schule in Dillenburg in Hessen. Er schrieb zahlreiche Geschichten, Theatertexte und Lieder für Kinder. Ob zum Geburtstag, zum Advent oder zu Weihnachten, für jeden Anlass hatte er Texte und Lieder parat. Am liebsten begeisterte er seine Zuhörer mit der Gitarre in der Hand für seine Spiellieder. Es mache gar nichts, wenn Kinder falsch singen, Hauptsache laut sollen sie singen, gab er als guten Ratschlag. Und so ermunterte er sie eifrig zum Mitmachen.

Leo Lionni

Leo Lionni war ein italienischer Maler und Schriftsteller. Als er 12 Jahre alt war, zogen seine Eltern mit ihm in die USA und danach noch in andere Länder, sodass er mit 14 Jahren bereits fünf Sprachen beherrschte. 1959 ist sein erstes Kinderbuch erschienen, *Das kleine Blau und das kleine Gelb.* Drei Jahre später kehrte Lionni nach Italien zurück. Am bekanntesten sind seine beiden Bilderbücher von *Swimmy* und von *Frederick,* der Sonnenstrahlen, Farben und Wörter für die langen Wintertage sammelte. Immer wieder sind Mäuse die Hauptfiguren in seinen Büchern.

Paul Maar

Paul Maar wurde in Schweinfurt geboren. Nach dem frühen Tod seiner Mutter wurde er von Hausmädchen betreut. In der Gastwirtschaft seines Großvaters erzählte er den Gästen oft Geschichten. Dieser Großvater riet ihm, seine Geschichten in einem Heft aufzuschreiben. Als Kind haben ihn Mitschüler öfter verspottet. So wird auch Martin Taschenbier in den Geschichten vom *Sams* von anderen gehänselt. Paul Maar schreibt nicht nur wunderschöne Bücher, er illustriert (Illustrator*) sie oft auch selbst und erfindet gerne Gedichte** und lustige Wortspiele.

Gudrun Mebs

Gudrun Mebs wollte schon mit vier Jahren Schauspielerin werden. Später besuchte sie dann auch wirklich eine Schauspielschule. Anschließend reiste sie mit einer Theatergruppe um die ganz Welt. Aus Langeweile hat sie angefangen zu schreiben. Seit 1980 schreibt sie für Kinder und lebt in München und in Italien. Dort lebt sie mit vielen Katzen und auch einmal mit einem Fuchs. Einen besonderen Wunsch erfüllte sie sich, als sie in einer Zirkusschule das Seiltanzen lernte.

Bart Moeyaert

Bart Moeyaert wurde als siebter Junge der Familie Moeyaert im belgischen Brügge geboren. Deshalb hatte er als besondere Ehre den belgischen König als Patenonkel, der ihm zur Geburt einen goldenen Becher und einen goldenen Löffel schenkte. Mit 14 Jahren gab er die erste Hauszeitung heraus. 1995 entschloss er sich, Schriftsteller zu werden. Er schreibt Bücher und Theaterstücke für Kinder, Jugendliche und Erwachsene. Dafür hat er viele Preise und Auszeichnungen erhalten, zum Beispiel den Deutschen Jugendliteraturpreis.

* Seite 194
** Seite 194

Frauke Nahrgang

Frauke Nahrgang lebt mit ihrem Mann und zwei Kindern in Stadtallendorf. Sie ist als Grundschullehrerin tätig und beschäftigt sich besonders mit dem Erstleseunterricht. Die Ideen für ihre Bücher nimmt sie oft von ihren Schülern und den eigenen Kindern. Als diese klein waren, hat sie ihnen gerne vorgelesen und auch eigene Geschichten erfunden. Inzwischen sind ihre Kinder groß und sie ist eine erfolgreiche Kinder- und Jugendbuchautorin. Frauke Nahrgang mag Fußball, deshalb hat sie auch die Buchreihe *Teufelskicker* erfunden.

Jo Pestum

Jo Pestum wurde in Essen geboren und lebt jetzt im Münsterland. Er heißt eigentlich Johannes Stumpe. Zuerst studierte er Malerei. Danach unternahm er lange Reisen und arbeitete in vielen Berufen, zum Beispiel als Bauarbeiter, Kirchenmaler, Taucher und Trucker*. Über das Illustrieren und Gestalten von Büchern kam er zum Schreiben. Er veröffentlichte Krimis und schrieb mehr als 100 Kinder- und Jugendbücher, aber auch Drehbücher für den Film, Hörspiele, Sachbuchreihen und Bücher für Erwachsene.

* sprich: [Tracker]

Fredrik Vahle

Fredrik Vahle wurde in Stendal in der Altmark geboren. Bei seinem Großvater lernte er Klavierspielen und war vom Singen und der Musik begeistert. Für eine Gruppe lernbehinderter Kinder sang er erste eigene Kinderlieder. In Kindergärten, Schulen, Buchhandlungen oder auf großen und kleinen Festen erfreut er mit seinen Liedern, Geschichten und Gedichten. In letzter Zeit arbeitet er an neuen Bewegungsliedern. Die machen Lust, Sprache und Bewegung miteinander zu verbinden.

Absatz, der: Neue **Zeile** für den Teil oder den Abschnitt eines Textes, der zusammengehört. Beim Lesen ist er auch als Denkpause geeignet.

Anleitung, die: Hier wird erklärt, wie etwas benutzt oder angewandt wird.

Autor / Autorin, der / die: Jemand, der einen Text geschrieben hat. Er heißt auch Schriftsteller oder Verfasser.

Bibliothek, die: In einer Bibliothek oder Bücherei werden viele Bücher und andere Medien angeboten, zum Beispiel auch Zeitschriften, CDs, Spiele, CD-ROMs, Filme und **Hörbücher**. Man kann fast alle Medien mit einem Ausweis ausleihen. Sie sind nach den Namen der **Autoren** oder nach Sachgebieten angeordnet.

Dialog, der: Zwischen zwei Personen geführtes Gespräch aus Rede und Gegenrede. Ein Dialog kann mündlich oder schriftlich geführt werden.

Erzähltext, der: Man versteht darunter die schriftliche Wiedergabe eines Geschehens, einer Geschichte, die sich so ereignet haben könnte.

Gedicht, das: Ein Gedicht ist oft in **Versen** geschrieben und Wörter können sich am Zeilenende **reimen.** Häufig besteht ein Gedicht aus mehreren **Strophen.**

Hörbuch, das: Das ist die Tonaufnahme einer **Lesung,** die man zum Beispiel über CDs oder über den Computer hören kann.

Illustrator / Illustratorin, der / die: Jemand, der Bilder zu Texten oder Büchern malt oder zeichnet und sie oft auch farbig gestaltet.

Inhaltsverzeichnis, das: Fast jedes Buch oder jede Zeitschrift enthält vorne oder hinten eine Übersicht über den Inhalt. Hier erfährt man schnell, auf welcher Seite was steht.

Kapitel, das: Texte eines Buchs werden oft in größere Abschnitte unterteilt, die jeweils ein Kapitel bilden. Ein Kapitel kann eine eigene **Überschrift** haben.

Klappentext, der: Kurze Zusammenfassung des Buchinhalts. Sie steht oft auf der vorderen Klappe des Umschlags eines Buchs. Sie kann aber auch auf der Rückseite eines Buchdeckels stehen.

Lesung, die: Ein **Autor** liest bei einer Veranstaltung aus seinem Buch vor und erzählt von seiner Arbeit.

Märchen, das: „Es war einmal", so beginnen oft Märchen. Es sind erfundene Geschichten, die von wundersamen Begebenheiten erzählen. Sie sind weder zeitlich noch örtlich festgelegt. Gegenstände und Tiere können sprechen. In Märchen gibt es oft Zauberer, Riesen, Zwerge, Feen und Hexen.

Reim, der: Silben von zwei oder mehreren Wörtern, die gleich oder ähnlich klingen, zum Beispiel: Katze – Tatze.

Spalte, die: Geschichten oder andere Texte können nebeneinander in Textblöcken angeordnet werden. Die meisten Zeitungstexte sind in Spalten gedruckt.

Strophe, die: Abschnitt eines Lieds oder eines **Gedichts**. Eine Strophe besteht aus **Versen**, die sich **reimen** können.

Überschrift, die: Sie steht über einem Text und sagt oft etwas über den Inhalt des Textes aus oder macht auf ihn neugierig.

Vers, der: **Zeile** in einem **Gedicht** oder einer **Strophe**.

Zeile, die: Wörter, die in einem Text nebeneinander stehen. In einem **Gedicht** kann die Zeile auch Verszeile genannt werden.

Texte zum Üben der Lesestrategien

Verzeichnis der Textarten

Texte für besondere Leseübungen

Lesetipps

Quellennachweis

Anders, Günther: *Der Löwe,* S. 53, (bearb.), aus: Irmgard Harrer (Hrsg.): Das Fabelbuch von Aesop bis heute, Annette Betz Verlag im Verlag Carl Ueberreuther, Wien/München 2003, S. 31.

Anger-Schmidt, Gerda: *Rätsel,* S. 70, aus: Gerda Anger-Schmidt: Sei nicht sauer, meine Süße!, Patmos Verlag, Düsseldorf 2009, S. 72–73.

Anger-Schmidt, Gerda: *Vom Nehmen und vom Geben,* S. 37, aus: Hans-Joachim Gelberg (Hrsg.): Wo kommen die Worte her?, Beltz & Gelberg, Weinheim und Basel 2011, S. 78.

Baum, Veronika/Dumas, Kristina/Wichert, Simone (bearb.): *Herbstnebel,* S. 135, aus: www.br-online.de/kinder/fragen-verstehen/wissen/2003/00411/ (Zugriff: 13.06.2013).

Baumann, Hans: *Zwei Bücher,* S. 101, aus: Hans-Joachim Gelberg: Überall und neben dir, Beltz & Gelberg, Weinheim und Basel 2001, S. 124.

Berner, Rotraut Susanne: *Kinderjahr Haiku,* S. 163, aus: Hans-Joachim Gelberg (Hrsg.): Wo kommen die Worte her? Neue Gedichte für Kinder und Erwachsene, Beltz & Gelberg, Weinheim und Basel 2011, S. 102.

Binder, Dagmar: *Dackel sind doof,* S. 163, aus: Dagmar Binder: Kunterbunt durchs ganze Jahr, Patmos Verlag, Ostfildern 2000, S. 76.

Bismarck, Melanie von: *Vater erzählt von grünen Menschen,* S. 122, (gek.), aus: Melanie von Bismarck/Axel Scheffler: Als Hasen noch fliegen konnten: Gutenachtgeschichten für Mirle, Beltz und Gelberg 2013.

Böhm, Ursel: *Eis am Stiel,* S. 161, (bearb.), aus: www.br-online.de/kinder/fragen-verstehen/wissen/2010/03026/ (Zugriff: 21.05.2013).

Boie, Kirsten: *Bei der Arbeit,* S. 111, aus (bearb.): www.kirsten-boie.de/kirsten-boie-arbeit.php?kategorie=Bei+der+Arbeit&sprache=de (Zugriff: 13.06.2013).

Boie, Kirsten: *King-Kong, das Geheimschwein,* S. 107, (gek.), Oetinger Verlag, Hamburg 2010.

Borchers, Elisabeth: *November,* S. 77, (Originaltitel: Es kommt eine Zeit), aus: Hans-Joachim Gelberg (Hrsg.): Großer Ozean. Gedichte für alle, Beltz & Gelberg, Weinheim und Basel 2000, S. 18.

Borchers, Elisabeth: *Vom Frühling zum Winter,* S. 127, (Originaltitel: Reise mit Samuel; gek.), aus: Hans-Joachim Gelberg (Hrsg.): Kinderland Zauberland, Paulus, Recklinghausen 1967, S. 149.

Brender, Irmela: *Der Kreisel,* S. 29, aus: War mal ein Lama in Alabama, Oetinger Verlag, Hamburg 2001, S. 29.

Bröger, Achim: *Florian sagt: „Nein!“,* S. 66, (Originaltitel: Florian will keinen Kuss; gek.), aus: Florian passt auf sich auf. Geschichten vom Neinsagen und Selbstbestimmen, Arena Verlag, Würzburg 2007, S. 68–69.

Brüder Grimm: *Der alte Großvater und der Enkel,* S. 43, (gek.), aus: Die Kinder- und Hausmärchen der Brüder Grimm, Beltz & Gelberg, Weinheim/Basel 2012, S. 261 f.

Buck, Christian: *In aller Kürze ...?,* S. 144, aus: Um Weihnachten rum, Stöppel Verlag, Weilheim 1984, S. 101.

Buck, Siegfried: *Gespenster basteln,* S. 93, (bearb.), aus: Bausteine Lesebuch 2, Bildungshaus Schulbuchverlage, Braunschweig 2003, S. 111.

Budde, Nadia: *Flosse, Fell und Federbett,* S. 61, (gek.), Peter Hammer Verlag, Wuppertal 2004, S. 27.

Bull, Bruno Horst: *Vogelabschied,* S. 129, aus: Max Kruse (Hrsg.): Die schönsten Kindergedichte, Aufbau Verlag, Berlin 2003, S. 154.

Buschmann, Wolfgang: *Es steckt im See,* S. 11, aus: Hans-Joachim Gelberg (Hrsg.): Wo kommen die Worte her?, Beltz & Gelberg, Weinheim/Basel 2011, S. 23.

Damm, Antje: *Schule beginnt,* S. 16, (gek.), aus: Antje Damm: Regenwurmtage, Moritz Verlag, Frankfurt 2011, S. 9–19.

Der Klettverschluss, S. 80, (gek.), aus: Hallo! Sonderheft Erfinder und Erfindungen, Deutscher Sparkassen Verlag, Stuttgart 2008, S. 8.

Donaldson, Julia: *Der Grüffelo,* S. 106, (gek.), übersetzt von Monika Osberghaus, Beltz & Gelberg, Weinheim und Basel 2002.

Dr. Seuss: *Jeder Tag hat eine Farbe,* S. 116, (gek.), ins Deutsche übertragen von Uli Blume, cbj Verlag in der Verlagsgruppe Random House, München 1997.

Drvenkar, Zoran: *Paula,* S. 74, (Originaltitel: Paula und die Leichtigkeit des Seins; gek.), Bloomsbury Verlag, Berlin 2007, S. 78 f.

Ende, Michael: *Die Trolle,* S. 96, aus: Gudrun Schury (Hrsg.): Ein Pudel spricht zur Nudel, Aufbau Verlag, Berlin 2010, S. 114.

Feigenwinter, Max: *Wach sein,* S. 113, aus: Einander Engel sein, Eschbach Verlag, Eschbach 2010.

Ferber, Michelle: *FANTASIE,* S. 89, aus: Bausteine Lesebuch 2, Bildungshaus Schulbuchverlage, Braunschweig 2014, S. 107.

Ferber, Michelle: *Minilexikon der Fantasiewesen,* S. 97, aus: Bausteine Lesebuch 2, Bildungshaus Schulbuchverlage, Braunschweig 2014, S. 113.

Ferber, Michelle/Krull, Susan: *Caspar, Melchior und Balthasar,* S. 145, aus: Bausteine Lesebuch 2, Bildungshaus Schulbuchverlage, Braunschweig 2008, S. 186.

Ferber, Michelle/Krull, Susan: *Hexen hexen,* S. 91, aus: Bausteine Lesebuch 2, Bildungshaus Schulbuchverlage, Braunschweig 2014, S. 109.

Ferra-Mikura, Vera: *Der Papierdrachen,* S. 133, aus: Lustig singt die Regentonne, Jungbrunnen-Verlag, München/Wien 1964.

Fischer, Claudia und Reinold: *Schütze die Natur,* S. 78, (gek. und bearb.), aus: Komm, wir retten die Natur, Lentz Verlag, München 1990.

Frank, Karlhans: *Kassler Klein-Koch-Kunst*, S. 68, aus: Gudrun Schury (Hrsg.): Ein Pudel spricht zur Nudel, Aufbau Verlag, Berlin 2010, S. 70.

Frank, Sybille: *Brillen für jeden Zweck*, S. 72, (bearb.), aus: Felix E. Emminger (Hrsg.): Bausteine Lesebuch 3, Bildungshaus Schulbuchverlage, Braunschweig 2008, S. 28 f.

Frank, Sybille: *Fasching*, S. 146, aus: Bausteine Lesebuch 2, Bildungshaus Schulbuchverlage, Braunschweig 2008, S. 188.

Fröhlich, Roswitha: *Achtung! Spukzeit!*, S. 92, aus: Caspars Traumbuch, Carlsen Verlag, Hamburg 1997, S. 110.

Fröschchen auf der Klemme, S. 58, aus: GEOmini, Heft 5/2011, Gruner + Jahr, Hamburg, S. 8 f.

Funke, Cornelia: *Das Monster vom blauen Planeten*, S. 98, (gek.), Fischer Schatzinsel Verlag, Frankfurt/Main 2008, S. 116 f.

Gärtner, Hans: *Sonderbarer EinkaufsZL*, S. 10, (bearb.), aus: Leselöwen. Abc-Geschichten, Loewe Verlag, Bindlach 1998.

Godard, Delphine/Weil, Nathalie: *Fieber haben*, S. 71, (bearb.), aus: Hatschi, Pups und Aua, übersetzt von Elsbeth Ranke, Klett Kinderbuch Verlag, Leipzig 2011, S. 42.

Goethe, Johann Wolfgang von: *Es ist nicht genug zu wissen*, S. 113, aus: Wilhelm Meisters Wanderjahre, Reclam Verlag, Stuttgart 2006.

Gomringer, Eugen: *wind*, S. 132, aus: Eugen Gomringer (Hrsg.): Konkrete Poesie, Verlag Philipp Reclam jun., Stuttgart 1972.

Griesbeck, Robert: *Zuspätkommgeschichten*, S. 15, (gek.), aus: Robert Griesbeck: Schuld war nur das Brauseschwein. 17 Zuspätkommgeschichten, Boje Verlag, Köln 2009.

Grimm, Jakob und Wilhelm: *Rumpelstilzchen*, S. 105, (gek.), aus: Märchen der Brüder Grimm, Droemersche Verlagsanstalt, München 1937, S. 95.

Grosche, Erwin: *Mareike und die Superkräfte*, S. 22, (bearb.), aus: Achtung, Wutüberfall!, Gabriel Verlag, Stuttgart/Wien 2007, S. 18 f.

Gsell, Siggi: *Das mag ich oder nicht*, S. 68, aus: Siegfried Buck (Hrsg.): Bausteine Lesebuch 2, Diesterweg, Braunschweig 1996.

Guggenmos, Josef: *Nicht neugierig*, S. 175, aus: Hans-Joachim Gelberg (Hrsg.): Wo kommen die Worte her?, Beltz & Gelberg, Weinheim und Basel 2011, S. 59.

Guggenmos, Josef: *Rätsel Buch*, S. 101, aus: Oh, Verzeihung, sagte die Ameise, Beltz & Gelberg, Weinheim und Basel 2002, S. 152.

Guggenmos, Josef: *Schneekristall*, S. 149, aus: Mit zwölf Haikus durch das Jahr, Windecker Winkelpresse, Windeck o. J.

Hagen, Hans und Monique: *Sterne*, S. 181, aus: Portal 931148 (in Kinderkalender 2012/erschienen 2011), Sterren/Sterne, aus: Jij bent de liefste, Hans & Monique Hagen, Text/Amsterdam: EM. Querido's Uitgeverij BV, 2000, © Text Hans & Monique Hagen, Ruby Whitmore/right@singel262.nl, Rights & Licence Department Querido, Athenaeum etc., Singel 262, NL – 1016 AC Amsterdam, Deutsche Übersetzung © Christine Nöstlinger, Wien.

Herold, Gottfried: *Kleiner Unsinn*, S. 9, aus: Mein Emil heißt Dackel, Kinderbuchverlag, Berlin 1987.

Hoffmann, Angela und Ina: *Die Hecke im Jahreslauf*, S. 82, (gek.), aus: Lebensräume entdecken. Wiese und Hecke, Ensslin Verlag, Würzburg 2007.

Jäckel, Karin: *Winteranfang*, S. 138, © Dr. Karin Jäckel, Hansjakobstr. 5, 77704 Oberkirch.

Janisch, Heinz: *Her mit den Prinzen!* S. 94, (gek.), Annette Betz Verlag, München und Wien 2002, S. 112 f.

Jepsen, Peter: *Graue Haare*, S. 11, aus: Ein Pudel spricht zur Nudel, Aufbau Verlag, Berlin 2010, S. 118.

Johansen, Hanna: *Es weihnachtet sehr ...* (gek.), S. 142, aus: Hanna Johansen: Es weihnachtet sehr ... und ich bin immer noch die Katze, Carl Hanser Verlag, München 2011.

Kaléko, Mascha: *Der Frühling*, S. 150, aus: Die paar leuchtenden Jahre, © 2003 Deutscher Taschenbuchverlag, München

Karl, Mathias: *Die Kinder und der alte Baum*, S. 86, Thienemann Verlag, Stuttgart 1995.

Kersten, Detlef: *Die Becherlupe*, S. 81, (bearb.), aus: Schau, so geht das. Die Waldwerkstatt, Velber Verlag, Freiburg 2010, S. 17.

Klöpfellied, S. 141, aus: http://ammerbergler.de/Brauchtum/Kloepfln.htm (Zugriff: 14.06.2013)

Krenzer, Rolf: *Die durstige Krähe*, S. 60, (bearb.), aus: Schlau wie der Fuchs, Hirschgraben Verlag, Frankfurt/Main 1984, S. 8.

Krenzer, Rolf: *Martin und das Pferd*, S. 136, (umgeschrieben nach Rolf Krenzer), Vorlage aus: Rolf Krenzer: Wenn die Eisblumen blühen, Union Verlag, München 1997.

Kruse, Max: *Der Luftballon*, S. 179, aus: Hans-Joachim Gelberg (Hrsg.): Wo kommen die Worte her?, Beltz & Gelberg, Weinheim und Basel 2011, S. 17.

Kruse, Max: *Mein Glück*, S. 183, aus: Amelie Fried (Hrsg.): Ich liebe dich wie Apfelmus: Die schönsten Gedichte für Kleine und Große, cbj, München 2006, S. 68.

Künzler-Behncke, Rosemarie: *Jonas geht in die Schule*, S. 14, (gek.), Ravensburger Buchverlag Otto Maier GmbH, Ravensburg 2004.

Landa, Norbert: *Das Ostertier*, S. 154, (bearb.), aus: Ilona Einwohlt (Hrsg.): Frühlingsbär küsst Federvieh. Die schönsten Geschichten, Lieder und Gedichte, Fischer Taschenbuch, Frankfurt/Main 2003, S. 162 f.

Lionni, Leo: *Swimmy*, S. 118, (gek.), Beltz & Gelberg, Weinheim und Basel 2004.
Lobe, Mira: *Deutsch ist schwer*, S. 20, aus: Mira Lobe: Im Pfirsich wohnt der Pfirsichkern, St. Gabriel Verlag, Mödling – Wien 1994.
Lohf, Sabine: *Rakete*, S. 171, (gek.), aus: Sabine Lohf: Das große Buch vom Basteln und Spielen, Gerstenberg Verlag, Hildesheim 2013, S. 5.
Maar, Paul: *Horst Hofmanns Hunde*, S. 52, aus: Dann wird es wohl das Nashorn sein, Beltz & Gelberg, Weinheim und Basel 1988, S. 22.
Maar, Paul: *Rätselgedicht*, S. 7, aus: Kreuz und Rüben, Kraut und quer, Friedrich Oetinger, Hamburg 2004.
Mahringer, Walter: *April! April!*, S. 156, aus: Teddy, J. F. Schreiber, Esslingen 1982, S. 165.
Mai, Manfred: *Nur für einen Tag*, S. 177, (gek.), Otto Maier, Ravensburg 2004.
Mai, Manfred: *Eine Sommernacht im Zelt*, S. 164, (gek.), Duden Verlag, Mannheim/Frankfurt 2007, S. 23–31.
Marti, Oskar/Weiss, Oskar: *Hasenbrillen*, S. 55, (bearb.), aus: Oski & Oski, Kochen mit Cocolino. Das Partybuch, AT Verlag, Aarau/München 2012, S. 62.
Maxeiner, Alexandra/Kuhl, Anke: *Alles Familie*, S. 38, aus: Alexandra Maxeiner/Anke Kuhl: Alles Familie. Klett Kinderbuch, Leipzig 2011, 3. Aufl.
Mebs, Gudrun: *Warum Mama schlecht wird und Papa die Kaffeetasse umschmeißt*, S. 40, (gek.), aus: Gudrun Mebs: Mariemoritz, Patmos Verlag, Düsseldorf 2007, S. 7–10.
Michaelis, Antonia: *Max allein zu Haus*, S. 171, (gek.), aus: Antonia Michaelis: Detektivgeschichten, Loewe Verlag GmbH, Bindlach 2013, S. 9.
Moekaars, Stijn: *Bär und Biene*, S. 62, (bearb.), übersetzt von Mirjam Pressler, Carlsen Verlag, Hamburg 1999, S. 32 f.
Moeyaert, Bart: *Afrika hinter dem Zaun*, S. 48, (bearb.), übersetzt von Mirjam Pressler, Carlsen Verlag, Hamburg 1999.
Müller, Birte: *Willi lernt*, S. 18, (gek.), aus: Birte Müller: Planet Willi, Klett Kinderbuch Verlag, Leipzig 2012.
Nahrgang, Frauke: *Schwerstarbeit*, S. 44, (gek.), aus: Frauke Nahrgang: Jan ist nicht zu schlagen, Verlag Heinrich Ellermann, München 1998, S. 52–56.
Napp, Daniel: *Dr. Brumm spielt Schach*, S. 32, (gek.), aus: Dr. Brumm gibt Gas, Thienemann Verlag, Stuttgart/Wien 2009, S. 9–11.
Osterbräuche hier und dort: Frankreich, Finnland, Polen, S. 152, (bearb.), aus: http://www.theology.de/kirche/Kirchenjahr/osterbraeucheeuropaweltweit.php (Zugriff: 07. 11. 2013)
Pestum, Jo: *Unsere Mannschaft hält zusammen*, S. 34, (gek.), aus: Nikos tollstes Tor und andere Fußballgeschichten, Gondolino GmbH, Bindlach 2001, S. 23–31.
Piquemal, Michel/Lagautriere, Philippe: *Die kleine Spinne*, S. 120, aus: Philo Fabelhaft. 63 Fabeln aus aller Welt und ihre philosophische Bedeutung, aus dem Französischen von Christine und Radouane Belakhdar, moses Verlag, Kempen 2004.
Quarenghi, Giusa: *Ich spür den Sommer in den Händen*, S. 162, aus: Portal 931132 (in Arche Kinderkalender 2011) Ho l'estate tra le mani / Ich spür den Sommer in den Händen, aus: E sulle case il cielo, Giusa Quarenghi, Text © 2007 by Topipittori, Milano, Valentina Colombo/valentina@topipittorri.it Viale isonzo 16, I – 20135 Milano, Deutsche Übersetzung. © Maja Pflug, Rom.
Redensarten: Schwein haben, S. 56, (bearb.), aus: http://www.geo.de/GEOlino/mensch/redewendungen/deutsch/schwein-haben-56576.html (Zugriff: 13. 06. 2013)
Richter, Jutta: *Juli*, S. 159, aus: Am Himmel hängt ein Lachen, Boje Verlag, Erlangen 2009.
Ringelnatz, Joachim: *Kindersand*, S. 162, aus: Joachim Ringelnatz: Kinder-Verwirr-Buch 1931, Aufbau Verlag, Berlin 2008.
Salis-Seewis, Johann Gaudenz von: *Bunt sind schon die Wälder*, S. 128, (Originaltitel: Herbstlied, gek.), aus: Haller und Salis-Seewis: Auswahl, Deutsche Nationalliteratur, Bd. 41, Berlin o. J.
Schami, Rafik/Könnecke, Ole: *Geburtstagszauber bei Banja*, S. 47, (gek.), aus: Rafik Schami/Ole Könnecke:
Wie ich Papa die Angst vor Fremden nahm, Carl Hanser Verlag, München/Wien 2003.
Scharf, Hardy: *Verlustanzeige*, S. 11, aus: Sprachspiele für jüngere Leser und Verfasser von Texten, Hahner Verlagsgesellschaft, Aachen-Hahn 2004.
Schönfeldt, Sybill Gräfin von: *Der Dreikönigstag in Spanien*, S. 145, (bearb.), aus: Das große Ravensburger Buch der Feste und Bräuche, Ravensburger Buchverlag Otto Maier, Ravensburg 1980.
Schoke, Arthur: *Rätsel vom Wind*, S. 132, aus: Barbara Coldewey (Hrsg.): Ein Käfer kam im Mai daher, Verlag Ferdinand Kamp, Bochum 1995.
Schulwitze, S. 21, aus: Petra Buck: Voll gute Schülerwitze, Ravensburger Buchverlag, Ravensburg 2011.
Schwarzer Holunder, S. 84, (gek.), aus: www.oekoleo.de/index.php?article_id=577 (Zugriff: 24. 01. 2013)
Seidemann, Maria: *Was macht das ABC im Urlaub?*, S. 8, (Originaltitel: Das ABC macht Urlaub; bearb.), aus: Erste ABC-Geschichten, Edition Bücherbär im Arena Verlag GmbH, Würzburg 2002.
Snunit, Michal/Golomb, Na'ama: *Der Seelenvogel*, S. 114, (gek.), Carlsen Verlag, Hamburg 1991.
Spiele für drinnen/Spiele für draußen (bearb.), S. 26/27, aus: Kinderspiele aus aller Welt, Falken-Verlag GmbH, Niedernhausen 1994.
Steinwart, Anne: *Kalte Ohren*, S. 156, aus: Tausendfüßler lässt schön grüßen, Carlsen Verlag, Hamburg 1990.

Straaß, Veronika: *Höher, schneller, weiter,* S. 57, (Originaltitel: Wer ist der Schnellste im ganzen Land; bearb.), aus: Willi will's wissen. Schlaue Tiere, Baumhaus Verlag, Bergisch Gladbach 2009, S. 20 f.

Thomas, Valerie: *Zilly, die Zauberin,* S. 90, (gek.), übersetzt von Barbara Haupt, Beltz & Gelberg, Weinheim und Basel 2012, S. 108.

Uebe, Ingrid: *Tolle Tüte,* S. 160, (bearb.), aus: Jetzt kommen die sonnigen Tage. Kalendergeschichten für Frühling und Sommer, cbj, München 2005.

Ulrich, Winfried: *Augenhüpfer,* S. 9, (Originaltitel: Augendreher, bearb.), aus: Sprachspiele für jüngere Leser und Verfasser von Texten, Hahner Verlagsgesellschaft, Aachen-Hahn 2004.

Vahle, Fredrik: *Herzklopfen,* S. 65, aus: Der Himmel fiel aus allen Wolken, Beltz & Gelberg, Weinheim und Basel 1994.

Wetterregeln, S. 134, (bearb.), aus: Christa Holtei/ Tilmann Michalski: Das große Familienbuch der Feste und Bräuche. Patmos Verlag 2006 (2005).

Wittkamp, Frantz: *Reimreise,* S. 51, (gek.): aus: Hans-Joachim Gelberg (Hrsg.): Wo kommen die Worte her?, Beltz & Gelberg, Weinheim und Basel 2011, S. 45.

Zaghir, Rania/Ishak, Racelle: *Wer hat mein Eis gegessen?,* zweisprachig, S. 104, (gek.) Übersetzung aus dem Arabischen von Petra Dünges, Edition Orient, Berlin 2010.

Unbekannte Verfasser

Tom ist in Klasse 2a, S. 19
Tom kann einen Eiertrick, S. 19
Feierabend, S. 28
I woaß wos Neis!, S. 138
Wanns im Februar, S. 149

Originalbeiträge

Fiedler, Jutta: *Meine Traumschule*, S. 13, *Oma hat einen neuen Kühlschrank,* S. 42, *Kinderzimmer*, S. 45, *Familienplaner*, S. 46, *Das ist ein Sternhalma*, S. 46, *Winter*, S. 138, *Adventskalender*, S. 139, *Nikolaus*, S. 140, *Bräuche im Advent*, S. 141, *Fasching*, S. 146, *Schneemann-Block,* S. 148, *Schnee11chen*, S. 149, *Schneekristalle*, S. 149, *Rätsel*, S. 149, *Haikus*, S. 150, *Die Steinerne Brücke in Regensburg*, S. 173

Grunert, Heidi: *Biene als Honiglieferant*, S. 83, *Holler-Limonade*, S. 85, *Lesen ist wie ...*, S. 102/103, *In der Bücherei*, S. 104, *Blaue gegen Rote (ohne Dackel)*, S. 163

Krull, Susan: *Viele Kinder – viele Hobbys,* S. 69, *Osterbräuche hier und dort*, S. 152, *Eine Muttertagskarte*, S. 157

Webersberger, Annette: *Spiele-Abc*, S. 25, *Rund ums Fernsehen*, S. 30, *Viele Angebote*, S. 31

Werthmann, Franz: *Meine Traumschule*, S. 13

Bildnachweis

4.2 fotolia.com, New York (Maria Brzostowska)
6.1 Artothek, Weilheim (Hans Hinz)
7 (alle) Artothek, Weilheim (Hans Hinz)
8.2 Verlag Friedrich Oetinger GmbH, Hamburg (Paul Maar, Kreuz und Rüben, Kraut und quer)
12.1 Hundertwasser Archiv, Wien
13 (alle) Hundertwasser Archiv, Wien
15.3 Baumhaus Verlag GmbH, Köln (Robert Griesbeck: Schuld war nur das Brauseschwein)
17 (beide) Moritz Verlag GmbH, Frankfurt/Main (Antje Damm, Regenwurmtage)
18 (alle) Klett Kinderbuch Verlag GmbH, Leipzig
22 (alle) Thienemann Verlag, Stuttgart
23 (alle) Thienemann Verlag, Stuttgart
24.1 INTERFOTO, München (A. Koch)
32 (alle) Thienemann Verlag, Stuttgart (Daniel Napp, Dr. Brumm gibt Gas)
33 (alle) Thienemann Verlag, Stuttgart (Daniel Napp, Dr. Brumm gibt Gas)
36.1 The Keith Haring Foundation, New York
38 (alle) Klett Kinderbuch Verlag GmbH, Leipzig
39 (alle) Klett Kinderbuch Verlag GmbH, Leipzig
41.3 Bibliographisches Institut & F.A. Brockhaus AG, Mannheim (Gudrun Mebs, Mariemoritz)
47.2 Carl Hanser Verlag, München (Rafik Schami, Wie ich Papa die Angst vor Fremden nahm)
50.1 Artothek, Weilheim
51 (beide) Artothek, Weilheim
54 (alle) fotolia.com, New York
55 (beide) AT-Verlag, Aarau (Oskar Marti: Kochen mit Cocolino. Das Partybuch)
57.1 fotolia.com, New York
57.2 Corbis, Düsseldorf (Brakefield)
57.3 Shutterstock.com, New York
58 (alle) Gruner + Jahr AG & Co. KG, Hamburg (GEOmini)
59 (alle) Gruner + Jahr AG & Co. KG, Hamburg (GEOmini)
64.1 VG BILD-KUNST, Bonn (Paul Klee: Herzdame)
71.2 Klett Kinderbuch Verlag GmbH, Leipzig (Delphine Godard/Nathalie Weil, Hatschi, Pups und Aua!)
72 (alle) fotolia.com, New York
73.1 fotolia.com, New York
73.2 Shutterstock.com, New York
73.3 fotolia.com, New York
73.4 Visum Foto GmbH, Hamburg
73.5 fotolia.com, New York
76.1 Schröder, Christof, www.kunst-cs.de, Freiburg
77 (alle) Schröder, Christof, www.kunst-cs.de, Freiburg
79.2 Heidi Grunert, Peißenberg
80.1 Shutterstock.com, New York (Randi Scott)
80.2 Heidi Grunert, Peißenberg
81.1 Joachim Nagel
83.3 Heidi Grunert, Peißenberg
84.1 Picture-Alliance GmbH, Frankfurt/Main (Foodcollection)
84.2 fotolia.com, New York (Maria Brzostowska)
85.1 Shutterstock.com, New York (Maria Brzostowska)
88.1 VG BILD-KUNST, Bonn
91.1 Beltz & Gelberg, Weinheim (Paul Korky, Zilly, die Zauberin)
91.2 Beltz & Gelberg, Weinheim (Paul Korky, Zilly und der kleine Drache)
91.3 Der AUDIO VERLAG GmbH, Berlin (Otfried Preußler, Die kleine Hexe)
91.4 Cinetext Bildarchiv, Frankfurt/Main
100.1 Carl Hanser Verlag, München
101.1 Carl Hanser Verlag, München
102 (alle) Heidi Grunert, Peißenberg
103.1 Thienemann Verlag, Stuttgart (Max Kruse, Das dicke Urmel-Buch, 2011)
103.2 Heidi Grunert, Peißenberg
103.3 Verlag Friedrich Oetinger GmbH, Hamburg (Erhard Dietl, Die Olchis und der blaue Nachbar)
103.4 Kinderleicht Wissen Verlag GmbH & Co. KG, Regensburg (Bienen. Fleißige Honigmacher)
103.5 Klett Kinderbuch Verlag GmbH, Leipzig (Delphine Godard/Nathalie Weil, Hatschi, Pups und Aua!)
104 (alle) EDITION ORIENT, Berlin
106.2 Beltz & Gelberg, Weinheim (Axel Scheffler, Der Grüffelo)
107 (beide) Verlag Friedrich Oetinger GmbH, Hamburg (Illustrationen von Silke Brix aus: King-Kong, das Geheimschwein)
108.1 Verlag Friedrich Oetinger GmbH, Hamburg (Illustrationen von Silke Brix aus: King-Kong, das Geheimschwein)
110.1 Verlag Friedrich Oetinger GmbH, Hamburg (Kirsten Boie, King-Kong, das Schulschwein)
110.2 Verlag Friedrich Oetinger GmbH, Hamburg (Kirsten Boie, King-Kong, das Krimischwein)
110.3 Verlag Friedrich Oetinger GmbH, Hamburg (Kirsten Boie, King-Kong, das Glücksschwein)
110.4 Verlag Friedrich Oetinger GmbH, Hamburg (Kirsten Boie, King-Kong, das Geheimschwein)
111.1 Jürgen Bauer, Leidersbach
112.1 Rheinisches Bildarchiv, Köln
113 (alle) Rheinisches Bildarchiv, Köln
119.2 Verlagsgruppe Beltz, Weinheim, Basel, Weinheim (Leo Lionni, Swimmy)
126.1 (Ausschnitt) L&M Services B.V. The Hague 20080110 (Robert Delaunay: Rhythmus, Lebensfreude)
127.1 (Ausschnitt) L&M Services B.V. The Hague 20080110 (Robert Delaunay: Rhythmus, Lebensfreude)
130 (alle) Peter Schössow, Hamburg
131 (alle) Peter Schössow, Hamburg
139.1–4 akg-images GmbH, Berlin
139.5 Stadt Forchheim, Forchheim

147 (alle) Sybille Frank, Nürnberg
158.1 Verlag Herder GmbH, Freiburg
159.1 INTERFOTO, München (Sammlung Rauch)
169.3 Heidi Grunert, Peißenberg
173 (beide) Picture-Alliance GmbH, Frankfurt/Main (Süddeutsche Zeitung Photo/Wolfgang Filser)
190.1 Jürgen Bauer, Leidersbach
190.2 Picture-Alliance GmbH, Frankfurt/Main (Andreas Wrede)
190.3 INTERFOTO, München (Writer Pictures Ltd)
191.1 Picture-Alliance GmbH, Frankfurt/Main (Eventpress Herrmann)
191.2 Rolf Krenzer Erben, Dillenburg
191.3 Random House, New York
192.1 Picture-Alliance GmbH, Frankfurt/Main (Eventpress/Stephan Schraps)
192.2 Picture-Alliance GmbH, Frankfurt/Main (Frank Mächler)
192.3 laif, Köln (Isolde Ohlbaum)
193.1 Peter Lauritis Photography, Neustadt-Speckswinkel (Peter Lauritis)
193.2 Picture-Alliance GmbH, Frankfurt/Main (Thienemann Verlag)
193.3 S. Fischer Verlag GmbH, Frankfurt/Main (Fredrik Vahle, Michael Wendler; Modular)

Anhang

Inhaltsverzeichnis

Lösung für Seite 4/5:
Lest alle mit!

Erarbeitet von
Jutta Fiedler (Halle/Saale), Heidi Grunert (Peißenberg),
Susan Krull (Hofheim), Annette Webersberger (Neumarkt-St. Veit)
und Franz Werthmann (Blankenbach)

Auf der Grundlage von
BAUSTEINE Lesebuch 2 (Stammausgabe)

Unter Beratung von
Christina Lorenz, Sommerach

Illustriert von
Laura Bischoff, Neele Böckmann, Marion Goedelt, Yvonne Hoppe-Engbring,
Katja Hillscher, Naeko Ishida, Karoline Kehr, Anke Rauschenbach,
Susanne Wechdorn sowie Evelyn Scherber (Kapitelvignetten)

Druck A³ / Jahr 2014
Alle Drucke der Serie A sind inhaltlich unverändert.

Redaktion: Inge Meyer-Öhlmann, Hamm
Umschlaggestaltung: Annette Henko, Illustration: Antje Bohnstedt
Layout: Annette Forsch, Berlin, Silke Schwarz, Köln und Annette Henko
Satz und technische Umsetzung: tiff.any GmbH, Berlin
Druck und Bindung: westermann druck GmbH, Braunschweig

ISBN 978-3-425-**12905**-1